AF324489

COLLECTION CHARVET

DE BEAUVAIS

MACON, PROTAT FRÈRES, IMPRIMEURS.

COLLECTION CHARVET

DE BEAUVAIS

MÉDAILLES

GRECQUES, ROMAINES & BYZANTINES

LIVRES DE NUMISMATIQUE

VENTE A L'HOTEL DROUOT

SALLE N° 8, AU PREMIER ÉTAGE

Les Jeudi 30 Avril, Vendredi 1er et Samedi 2 Mai 1903.

COMMISSAIRE-PRISEUR

Me MAURICE DELESTRE
5, RUE SAINT-GEORGES

EXPERTS

Mrs ROLLIN et FEUARDENT
4, RUE DE LOUVOIS

EXPOSITION PARTICULIÈRE : *Chez les Experts*, les Mardi 28 et Mercredi
29 Avril, de 2 à 5 heures.

EXPOSITION PUBLIQUE : *à l'Hôtel Drouot*, le Jeudi 30 Avril,
avant la vente, de 1 à 3 heures.

VENTE : Jeudi 30 avril, à 3 heures, Vendredi 1er et Samedi 2 Mai,
à 2 heures.

PARIS

1903

CONDITIONS DE LA VENTE

La Vente sera faite au comptant.

Les Acquéreurs paieront *dix pour cent* en sus des prix d'adjudication.

MM. Rollin et Feuardent se réservent la faculté de réunir ou de diviser les lots.

Ils se chargent aux conditions habituelles (5 % sur le chiffre des adjudications) des commissions qu'on voudra bien leur confier.

MONNAIES GRECQUES

1 **Malaca.** Tête de Vulcain ; tenailles et légende phénicienne. R⁄. Tête du Soleil, de face. B⁶. — **Aregrat.** Tête imberbe. R⁄. Cavalier à dr. ; légende celtibérienne. Æ⁴. — 2 p.

2 **Massilia.** Obole à la roue. — Drachme au buste de Diane. R⁄. ΜΑΣΣΑΛΙΗΤΩΝ. Lion à dr. Æ. — 2 p.

3 **Guerre sociale.** Tête laurée à g. ; légende osque : *veitelio*. R⁄. Guerrier debout près d'un taureau couché. Æ⁴. TB.

4 Tête laurée à g. R⁄. Huit chefs prêtant serment ; au milieu, une truie et son victimaire. Exergue, II. Æ⁴.

5 Tête laurée à dr. ; devant, X. R⁄. Victoire couronnant l'Italie assise à g. Exergue, ITALIA. Æ⁴.

6 Tête casquée à g. ; devant, en lettres osques, *mutil embratur*. R⁄. Deux chefs prêtant serment ; entre eux, victimaire tenant la truie. En exergue, *C. Paapi*. Æ⁴. B.

7 **Cales.** Tête casquée de Pallas, à g. R⁄. Victoire conduisant un bige à g. Exergue, CALENO. Æ⁶. B. — R⁄. Même légende. Coq à dr. ; étoile dans le champ. B⁴. — 2 p.

8 **Hyrina.** Tête de déesse, de face, le diadème orné d'une palmette et de deux Pégases. R⁄. ΥDΙΜΑ rétrograde. Taureau à face humaine. Æ⁴. B.

9 **Neapolis.** Tête de femme à g. R⁄. ΝΕΟΓΟΛΙΤΩΝ. Taureau à face humaine, couronné par une Victoire au vol. Æ⁵.

10 Tête de femme à dr. R⁄. Le même (sans légende). Æ⁴. — Tête laurée d'Apollon. R⁄.... ΙΤΗΣ. Partie antérieure de taureau à face humaine. B³. — 2 p.

11 **Phistelia.** Masque imberbe. ℞. *Fistluis* en lettres osques. Coquille, etc. Æ¹. B. — Masque paré d'un collier. ℞. Lion à g. Æ¹ — 2 p.

12 **Roma** (*fr. en Campanie*). Tête casquée de Mars barbu, à dr.; derrière, **XX**. ℞. **ROMA.** Aigle sur le foudre. Or¹. TB.

13 Tête imberbe casquée. ℞. **ROMA.** Buste de cheval bridé. Æ⁵. B.

14 Même tête. ℞. **ROMA.** Cheval au galop; massue. Æ⁴.

15 Tête coiffée d'un bonnet phrygien. ℞. **ROMA.** Victoire tenant une palme. Æ⁵. B.

16 Buste d'Hercule jeune, la massue sur l'épaule. ℞. **ROMANO.** La louve et les jumeaux. Æ⁵. TB.

17 Tête de Janus. ℞. **ROMA.** Jupiter dans un quadrige. Æ ⁵. — Autre exempl., le mot **ROMA** incus. — 2 p.

18 Tête de Mercure coiffée du pétase. ℞. **ROMA.** Proue; deux globules. B⁸. — Même type, sans globules. B⁴. — Tête de femme. ℞. **ROMA.** Cavalier. — Tête de Pallas. ℞. Proue. — Tête imberbe casquée. ℞. Cheval libre. — Même tête. ℞. Buste de cheval et strigile. — Tête d'Apollon. ℞. Cheval courant à g. — Tête coiffée du bonnet phrygien. ℞. Chien de chasse. B. — 8 p. en partie TB.

19 **Suessa.** Tête laurée d'Apollon. ℞. **SVESANO.** Cavalier tenant une palme et conduisant deux chevaux à g. Æ⁶. TB. *Voir planche.*

20 **Luceria.** Tête de Mercure. ℞. **ROMA.** Proue. En exergue, ɩ. B⁴. B.

21 **Rubi.** Tête du Soleil, de face. ℞. **PY** entre les cornes de deux croissants. Æ ¹. B. — Bucrane. ℞. Canthare entre cinq globules. Æ ¹. — 2 p.

22 **Tarente.** Cavalier revêtu d'une cuirasse, sur un cheval allant au pas à g. ΞΕΝΟΚΡΑ[ΤΗΣ]. ℞. Taras sur le dauphin, à g., tenant un trident. Æ⁵.

23 Cavalier au galop, donnant un coup de lance. ΣΑ. ℞. Taras à g., tenant un trident et un canthare. Æ⁵. TB.

39 — 24 Même cavalier. ℞. Taras tenant un trident et un dauphin. Æ⁴.
— ℞. Taras tenant une corne d'abondance et une petite
Victoire. Æ⁵. B. — 2 p.

45 — 25 Hoplite sur un cheval allant au pas à g. ΝΙΚΟΔΑΜΟΣ. ℞.
Taras, à g., tenant une quenouille et une grappe de raisin.
Æ⁵. B.

9 — 26 Apobate sur un cheval courant à g. ℞. Taras à g., tenant un
flambeau. Æ⁵.

13 — 27 Hoplite galopant à g. ; sur son bouclier, une étoile. ℞. Taras
à g., avec la quenouille et la grappe de raisin. Æ⁵. — Sur
un cheval allant au pas à dr., un jeune cavalier se couronnant lui-même. ΣΑΛΟ et chapiteau. ℞. Taras à g., tenant
une quenouille et un aplustre. Æ⁵. — Cavalier couronnant
son cheval. ℞. Taras, à g., tenant un trident, un bouclier et
une corne d'abondance. Æ⁵. — 3 p.

98 — 28 Jeune cavalier sur un cheval allant au pas à dr. ℞. Taras à g.,
le bras gauche appuyé sur le dauphin. Æ⁵. TB.

10 — 29 Tête casquée de Pallas. ℞. ΤΑΡΑ.. Hercule debout, étreignant
le lion. Æ²⁻³. — Buste de cheval bridé. ℞. Le même. Æ¹.
B. — Pétoncle. ℞. Dauphin; dauphin à g., couronné par
une Victoire; tête de Taras à g.; roue. Æ¹⁻². B. —
Pétoncle. ℞. Taras sur le dauphin, à g., tenant une corne
d'abondance et une grappe de raisin. B³. B. — 8 p.

9 — 30 **Lucanie.** Tête de Pallas, le casque ailé. ℞. ΛΟΥΚ en monogr.
Épi. Æ⁴.

130 — 31 **Héraclée.** Tête de Pallas, le casque orné d'une Scylla. ℞.
ҺΗΡΑΚΛ... Hercule debout et de face, appuyé sur sa massue
et portant un arc et la peau de lion. Æ⁶. TB. *Voir planche.*

16 — 32 **Métaponte.** Tête de Cérès, coiffée d'épis. ℞. ΜΕΤΑ. Épi. Æ⁵.
B.

26 ⌈ 33 Tête barbue casquée; derrière, ΑΜΙ. ℞. ΜΕΤΑ. Épi; sur la
feuille, un fleuron. Æ⁴. B.

⌊ 34 ΜΕΤΑ. Épi. ℞. Bucrane en creux. — Tête de Pallas. ℞. Épi.
— Tête jeune cornue. ℞. Le même. Æ². — 3 p.

- 35 **Sybaris**. Taureau à g., retournant la tête. Exergue, **VM**. ℞. incus. Æ⁴. B.

- 36 **Thurium**. Tête de Pallas, à dr., le casque orné d'une Scylla. ℞. **ΘΟΥΡΙΩΝ**. Taureau cornupète. Poisson en exergue. Æ⁶. TB. *Voir planche*.

- 37 Même tête, le casque lauré. ℞. **ΘΟΥΡΙΩ[N]**. Taureau à g.— Même tête, le casque uni. ℞. **ΘΟΥΡΙ**. Taureau cornupète. Exergue, oiseau au vol. Æ². (diobole). — 2 p.

- 38 **Velia**. Moitié antérieure d'un lion couché. ℞. Carré creux. Æ³. B.

- 39 Tête de Pallas à g., avec une Scylla sur le casque. ℞. **ΥΕΛΗΤΩΝ**. Lion à g. dévorant une tête de bœuf. Æ⁵.

- 40 Même tête, le casque ailé. ℞. Même légende. Lion passant à g. ; dans le haut, triquètre. Æ⁵. B.

- 41 Même tête avec un griffon sur le casque. ℞. Lion à g. dévorant un cerf. Æ⁵. B.

- 42 Tête de femme, à dr. ℞. **VEⱢE**. Chouette à g. sur une branche d'olivier. Æ³.

- 43 **Bruttium**. Buste de Victoire. ℞. **BPETTIΩN**. Bacchus jeune, debout et de face, tenant un thyrse et se couronnant. Æ⁵. B.

- 44 Buste voilé de Junon. ℞. Même légende. Neptune à g., le pied posé sur un chapiteau. Æ⁵. B.

- 45 Tête laurée d'Apollon. ℞. Même légende. Diane à g., tenant un flambeau et une flèche ; près d'elle, un chien de chasse. Æ⁴. B. *Voir planche*.

- 46 Tête de Pallas, le casque orné d'un griffon. ℞. **BPETTIΩ[N]**. Aigle à g. Æ³. B. *Voir planche*.

- 47 Tête casquée de Mars, à g. ℞. **BPETTIΩN**. Victoire à g., érigeant un trophée. B⁷. — ℞. Minerve courant à dr. B⁷. — Tête laurée de Jupiter. ℞. Même légende. Hoplite en posture de combat. B⁵. — Même tête. ℞. Aigle. B⁵. — Tête imberbe casquée, à g. ℞. Même légende. Chouette. B³. — Tête de Victoire, à g. ; devant, **NIKA**. ℞. **BPETTIΩN**. Jupiter brandissant le foudre. B⁴. — 7 p. B.

48 **Caulonia**. KAVΛ. Apollon debout, à dr., la main droite levée et tenant un rameau; une figurine ailée court sur son bras gauche avancé. Devant, un cerf. Bordure guillochée. ℞ incus. Æ[8]. TB. *Voir planche.*

49 KAVΛ rétrograde. Apollon et le cerf. ℞. Même légende. Cerf debout. Æ[5].

50 **Croton**. ϞPO. Trépied. ℞ incus. Æ[7]. B. — Trépied et cigogne. ℞ incus. Æ[3]. — 2 p.

51 ϞPO. Trépied; à g., une cigogne. ℞ incus et ornementé. Æ[5]. TB.

52 Aigle à g., tenant une branche de laurier et battant des ailes. ℞. KPOTΩNIATAN. Trépied. Æ[6]. B.

53 KPOTΩ. Tête de Pallas, à dr. ℞. OIKIΣTAΣ. Hercule debout, appuyé sur sa massue. Æ[2]. B.

54 **Locri**. ΛOKPΩN. Tête laurée de Jupiter, à g. ℞. Aigle à g. dévorant un lièvre. Æ[5]. B.

55 **Rhegium**. Masque de lion. ℞. PH entre deux feuilles de laurier. — Lièvre courant. ℞. REC rétrograde. Æ[1]. — Tête laurée d'Apollon, à g. ℞. PHΓINΩN. Trépied. B[5]. — Les têtes des Dioscures. ℞. Jupiter debout. B[3]. — 4 p.

56 **Terina**. Tête de femme, à g. ℞. Victoire assise, une colombe sur la main. Æ[3].

57 **Agrigente**. AKRA. Aigle à g. ℞. Crabe dans une aire concave. Æ[5]. B. — Aigle à dr., dévorant un lièvre. ℞. Crabe et poisson. Æ[3]. — 2 p.

58 Tête laurée de Jupiter. ℞. AKPAΓANTIN. Aigle éployé. Æ[4]. B.

59 **Catane**. KATANAIΩN. Les frères de Catane sauvant leurs parents. B[4]. — **Centuripae**. Buste de Cérès. ℞. KENTOPI-ΠINΩN. Charrue. B[4]. B. — 2 p.

60 **Gela**. CEΛAΣ rétrograde. Moitié antérieure de taureau à face humaine. ℞. Cheval au pas. Æ[2]. — Tête imberbe. ℞. ΓEΛAΣ. Taureau à dr. B[4]. — 2 p.

27 — 61 **Himera.** Coq à g. ℞. Carré creux. Æ⁵. TB. — Coq à g. ℞. Crabe dans une aire concave. Æ⁴. — 2 p.

140 — 62 **Leontini.** Tête laurée d'Apollon (style sévère). ℞. ΛΕΟΝΤΙ. Tête de lion, la gueule béante; autour, quatre grains d'orge. Æ⁶. TB. *Voir planche.*

100 — 63 **Messana (Zancle).** DANKⱢE. Dauphin à g. dans un cercle ouvert. ℞. Carré creux. Æ⁵. *Fleur de coin.* — Lièvre courant. ℞. MES rétrograde. Æ¹. — 2 p.

65 — 64 **Panormus** (*fr. par les Carthaginois*). Tête d'Aréthuse, à g., entourée de quatre dauphins. ℞. Légende punique. Buste de cheval, à g.; derrière, un palmier. Æ⁷. B.

45 — 65 Tête d'Hercule jeune, coiffée d'une peau de lion. ℞. Le même. Æ⁶. B.

50 — 66 **Selinus.** Feuille d'ache. ℞. Carré creux. Æ⁶. TB.

150 — 67 Apollon et Diane sur un char attelé de deux chevaux. ℞. ΣΕΛΙΝΟΝΤΙΟΝ. Éphèbe nu, debout à g., tenant un rameau et faisant une libation sur un autel. Devant lui, un coq; derrière, un taureau cornupète sur une base. Æ⁷. B. *Voir planche.*

65 — 68 **Syracuse.** ΣΥΡΑ. Tête d'Hercule jeune, à g., coiffée de la peau de lion. ℞. ΣΥΡΑ. Tête de femme, à g., au centre d'un carré creux. Or². TB.

40 — 69 Tête laurée d'Apollon, à g. ℞. ΣΥΡΑΚΟΣΙΩΝ. Trépied. Électrum³. B.

26 — 70 ΣVΡΑΚΟΣΙΟΝ rétrograde. Tête de femme d'ancien style, entourée de quatre dauphins. ℞. Bige au pas, avec son conducteur; Victoire au vol, couronnant les chevaux. Æ⁶. B. — ΣVΡΑ. Tête de femme d'ancien style. ℞. Polype. Æ². — 2 p.

380 — 71 Tête d'Aréthuse, à g., entre trois dauphins (*beau style*). ℞. Quadrige au galop, à g., avec son conducteur. Dans le haut, une triquètre; exergue, [Σ]ΥΡΑΚΟΣΙΩΝ. Tétradr. Æ⁷. TB, *presque à fleur de coin. Voir planche.*

25 — 72 ΣVΡΑ. Tête de Pallas, à g. ℞. Hippocampe. B⁵. — [ΔΙΟ]Σ ΕΛΛΑΝΙΟΥ. Tête jeune, laurée, à g. ℞. ΣΥΡΑΚΟΣΙΩΝ.

Aigle sur le foudre. B[6]. — **ΣΥΡΑΚΟΣΙΩΝ**. Tête d'Aréthuse, à g. ℞. Bige au galop, avec son conducteur. B[6]. — Même légende et même tête. ℞. Taureau cornupète, à g. B[6]. — 5 p. TB.

73 **ΖΕΥΣ ΙΕΛΙΕΥΘΕΡΙΟΣ**. Tête laurée de Jupiter. ℞. Foudre et aigle. B[6]. — Tête d'Hercule jeune, à g. ℞. Pallas combattant. B[6]. B. — Tête de femme, à g. ℞. Polype. — Tête d'Apollon, à g. ℞. Pégase. — Buste du Soleil. ℞. Apollon tenant un rameau et une couronne. B[5-3]. — En tout, 5 p.

74 **Hiéron Ier**. Tête diadémée du roi, à g. ℞. Cavalier, **ΙΕΡΩΝΟΣ**. B[7]. — **Agathocle**. **ΣΩΤΕΙΡΑ**. Buste de Diane. ℞. **ΑΓΑΘΟ-ΚΛΕΟΣ ΒΑΣΙΛΕΟΣ**. Foudre ailé. B[6]. — 2 p. B.

75 **Hiéron II**. Tête de Cérès, à g., coiffée d'épis ; derrière, un rameau paré d'une bandelette. ℞. **ΙΕΡΩΝΟΣ**. Bige au galop, à dr., avec son conducteur. Or[4]. TB. *Voir planche*.

76 **Philistis**. Tête voilée de femme, à g. ℞. **ΒΑΣΙΛΙΣΣΑΣ ΦΙΛΙΣ ΤΙΔΟΣ**. Victoire conduisant un quadrige au galop, à dr. Æ[7]. TB.

77 **Hieronymus**. Tête diadémée, à g. ℞. **ΒΑΣΙΛΕΟΣ ΙΕΡΩΝΥ-ΜΟΥ**. Foudre ailé. Æ[6]. B.

78 **Tauromenium**. Tête laurée d'Apollon. ℞. **ΤΑΥΡΟΜΕΝΙΤΑΝ**. Trépied. Æ[4]. B.

79 **Istrus**. Deux masques posés en sens inverse. ℞. **ΙΣΤΡΙΗ**. Aigle sur un dauphin. Æ[5]. B. — **Abdera**. **ΑΒΔΗΡΙΤΕ...** Griffon couché, à g. ℞. **ΕΓΙ ΓΥΘΟΔΩΡΟ...** Tête laurée dans une bordure carrée. Æ[3]. — **Apollonia de Thrace**. Ancre ; écrevisse et **Α**. ℞. Masque de Méduse. Æ[3]. — 3 p.

80 **Byzance**. Taureau marchant à g. **ΓΥ**. ℞. Carré creux granulé. Æ[3]. B.

81 **Maronée**. **ΜΑΡ**. Partie antérieure de cheval, à g. ℞. Carré creux. Æ[3]. — **ΕΥΓ**. Même cheval. ℞. **Μ Α** et grappe de raisin dans un cadre perlé. Æ[4]. — 2 p.

82 Tête de Bacchus jeune, couronnée de lierre. ℞. **ΔΙΟΝΥΣΟΥ ΣΩΤΗΡΟΣ**. Bacchus debout, à g., tenant deux lances et une grappe de raisin. Exergue, **ΜΑΡΩΝΙΤΩ[Ν]**. Æ[9]. B.

83 **Mesembria.** Casque corinthien vu de face. ℞. **META** dans une roue. Æ¹. B.

84 **Chersonèse.** Partie antérieure d'un lion, à dr., la tête retournée. ℞. Carré creux, avec lettres et globules. Æ². — 3 p. variées.

85 **Thasos.** Satyre nu et agenouillé, à dr., tenant dans ses bras une femme drapée. ℞. Carré creux. Æ⁵. B.

86 Silène agenouillé, à g., tenant un canthare. ℞. **ΘΑΣΙΩΝ**. Amphore. Æ². — 3 p. variées.

87 Tête de Bacchus jeune, couronnée de lierre. ℞. **[H]ΡΑΚΛΕΟΥΣ ΣΩΤΗΡΟΣ**. Hercule tenant une massue. Exergue, **ΘΑΣΙΩΝ**. Æ⁹. TB.

88 **Lysimaque,** *roi de Thrace.* Tête cornue et diadémée, à dr. ℞. **ΒΑΣΙΛΕΩΣ ΛΥΣΙΜΑΧΟΥ**. Pallas nicéphore assise, à g.; trident en exergue. Or⁵. TB.

89 Même tête. ℞. Même légende. Pallas nicéphore assise, à g. Étoile sous le siège. Æ⁸. TB.

90 **Patraüs,** *roi de Péonie.* Tête laurée d'Apollon. ℞. **ΓΑΤΡΑΟΥ**. Hoplite à cheval, frappant de sa lance un Macédonien renversé. Æ⁶. TB. *Voir planche.*

91 **Audoléon.** Tête casquée de Pallas, de face. ℞. **ΑΥΔΩΛΕΟΝΤΟΣ**. Cheval libre. Æ². B.

92 **Damastium.** Tête imberbe laurée, à g. ℞. **ΔΑΜΑΣΤΙ**. Pic de mineur et caducée. Æ³. TB.

93 **Apollonia d'Illyrie. ΦΙΛΩΝΟΣ**. Tête laurée d'Apollon, à g. ℞. **ΑΠΟΛΛΩΝΙΑΤΑΝ**. Les trois nymphes dansant. Exergue, **ΑΜΙΑΝΤΟΣ ΣΩΣΙΛΟΧΟΥ**. Æ⁵. TB.

94 **Dyrrhachium.** Vache allaitant son veau. ℞. **ΔΥΡ** et **ΑΓΙΩΝΟΣ**. Deux fleurons dans une bordure carrée. Æ⁴. — Tête d'Hercule. ℞. **ΔΥΡ**. Pégase à g. Æ³. — 2 p.

95 **Macédoine.** Tête de femme, à dr., avec collier de perles. ℞. **ΜΑΚΕΔΟΝΩΝ**. Proue. Æ³. TB. — Bouclier rond. ℞. Le même. Æ³. B. — Bouclier rond; au centre, **MAKE** et massue couchée. ℞. Casque. Æ³. TB. — 3 p.

96 Buste de Diane, à dr., au centre d'un bouclier. ℞. Dans une couronne de chêne : **LEG** et **MAKEΔONΩN**. Main droite tenant un rameau. Æ⁸. *Rare* et TB. *Voir planche.*

97 Tête d'Alexandre; dessous, **MAKEΔO[NΩN]**. ℞. Dans une couronne de laurier : **AESILLAS Q**. Cassette, massue droite et siège de questeur. Æ⁸. B.

98 **Acanthe.** Moitié d'un taureau couché, à g., la tête retournée. ℞. Carré creux granulé. Æ³.

99 **Aenus.** Tête de Mercure, de face, coiffée du pétase. ℞. Dans une aire concave : **AINION**. Chèvre à dr. Æ⁶. B.

100 **Amphipolis.** Tête de Jupiter. ℞. **AMΦIΠ[OΛ]ITΩN**. Cheval au pas. B³. B. — **Eion.** Cygne à dr., se retournant. ℞. Carré creux. Æ¹. — Lézard au-dessus du cygne. ℞. Carré creux. Æ². — 3 p.

101 **Lete.** Homme à jambes de taureau, debout à dr. et saisissant une femme drapée qui s'enfuit. ℞. Carré creux granulé. Æ³. TB.

102 **Neapolis.** Masque de Méduse, d'ancien style. ℞. Carré creux. Æ⁴. — ℞. Dans une aire concave : **NEOΓ**. Tête de femme, à dr. Æ³. — 3 p.

103 **Orrhescii.** Satyre agenouillé, à dr. ℞. Carré creux. Æ². — **Incertaine de Macédoine.** Taureau agenouillé, à dr. ℞. Carré creux. Æ². — 2 p.

104 **Rois de Macédoine.** Cavalier galopant à dr., armé de deux lances. ℞. Dans un carré creux : partie antérieure d'un lion en arrêt; dessus, caducée. Æ³. — Cheval au pas. ℞. Casque dans une bordure carrée. Æ². — 2 p.

105 **Amyntas III.** Tête barbue d'Hercule, coiffée de la peau de lion. ℞. Dans une aire concave : **AMYNTA**. Cheval debout. Æ⁵. B.

106 **Philippe II.** Tête laurée d'Apollon. ℞. **ΦIΛIΓΓOY** en exergue. Bige au galop, avec son conducteur; trépied dans le champ. Or⁴. TB. *Voir planche.*

32 — 107 Tête laurée de Jupiter. ℞. **ΦΙΛΙΠΠΟΥ**. Cavalier à dr., tenant une palme; le cheval au pas. Æ ^{6}. B.

160 — 108 **Alexandre le Grand**. Tête de Pallas, à dr., un serpent sur le casque. ℞. **ΑΛΕΞΑΝΔΡ[ΟΥ]**. Victoire debout, à g., tenant une couronne et un mât. Épi et bipenne dans le champ. Or ^{4}. TB. *Voir planche*.

37 — 109 Tête imberbe, couverte de la peau de lion. ℞. **ΑΛΕΞΑΝΔΡΟΥ**. Jupiter assis, l'aigle sur la main dr. Foudre dans le champ. Æ ^{7}. TB. — Drachme au même type. Æ ^{4}. B. — 2 p.

37 — 110 **Philippe III**. Tétradrachme au type du précédent. ℞. **ΦΙΛΙΠΠΟΥ ΒΑΣΙΛΕΩΣ**. Æ ^{7}. TB.

41 — 111 **Demetrius Poliorcète**. Tête cornue et diadémée du roi. ℞. **ΒΑΣΙΛΕΩΣ ΔΗΜΗΤΡΙΟΥ**. Neptune debout à g., le pied sur un rocher. Æ ^{8}. B.

90 — 112 Autre exemplaire. Æ ^{8}. TB.

220 — 113 Sur une proue de vaisseau, Victoire à g. sonnant de la trompette. ℞. Même légende. Neptune combattant à g. Æ ^{7}. B. *Voir planche*.

130 — 114 **Antigone**. Tête de Neptune, couronnée d'une plante marine. ℞. Apollon nu, tenant son arc, assis sur une proue qui porte la légende **ΒΑΣΙΛΕΩΣ ΑΝΤΙΓΟΝΟΥ**. Æ ^{9}. B. *Voir planche*.

44 — 115 Au centre d'un bouclier: tête de Pan à g., avec le pedum. ℞. Même légende. Pallas combattant à g. Dans le champ, un casque macédonien. Æ ^{9}. B.

210 — 116 **Philippe V**. Tête de Persée à g., avec la harpé, sur un bouclier macédonien. ℞. Dans une couronne de chêne : **ΒΑΣΙΛΕΩΣ ΦΙΛΙΠΠΟΥ**. Massue couchée. Æ ^{9}. B. *Voir planche*.

30 — 117 Tête diadémée du roi. ℞. Le même. Æ ^{5}. B.

13 — 118 **Thessalie**. Tête de Jupiter. **ΘΕΣΣΑΛΩΝ**. Pallas combattant. **ΙΠΠΟ** et **ΓΟΡΓΩΠΟΣ**. Æ ^{5}. — **Lamia**. Tête de Bacchus à g., couronnée de lierre. ℞. **ΛΑΜΙΕΩΝ**. Amphore. Æ ^{3}. — 2 p.

17 — 119 **Larissa**. Éphèbe à g., arrêtant un taureau. ℞. Aire concave :
ΛΑΡΙΣΑΙΑ. Cheval courant. Æ⁵

13 — 120 Tête de femme, de face. ℞. ΛΑΡΙΣΑΙΩΝ. Cheval paissant.
Æ⁵.

42 [121 **Malia**. Tête de Bacchus à g. ℞. ΜΑΛΙΕΩΝ. Amphore. Æ³.
[122 **Oetaei**. Tête de lion à g. ℞. ΟΙΤΑΩΝ. Javelot et mâchoire
de sanglier. PB., patine verte. TB.

22 — 123 **Epire**. Tête de Jupiter. ℞. Dans une couronne de chêne :
ΑΠΕΙΡΩΤΑΝ. Aigle à dr. Æ⁴. — **Leucas**. Tête laurée
d'Apollon. ℞. Pégase. Æ³. — **Corcyre**. Grande amphore
entre un canthare et une aiguière. ℞. ΚΟΡΚΥΡΑΙ. Fleur.
Æ³. B. — Tête de femme à g. ℞. ΚΟΡ rétrograde. Pégase
à g. Æ². — 4 p.

124 **Etolie**. Tête d'Atalante coiffée d'un pétase. ℞. ΑΙΤΩΛΩΝ.
Sanglier. Æ⁴. — **Oponte**. ΟΡΟΝ. Amphore. ℞. Fleur.
Æ². — 2 p.

22 . 125 **Phocis**. Bucrane. ℞. Dans une aire concave : ΦΟ[Κ]Ι. Tête
de femme à g. Æ³.

8 . 126 Variante, la tête à dr. Æ³. — Bucrane. ℞. ΦΩ. Tête laurée
d'Apollon. Æ³. — ℞. Partie antérieure de sanglier, à dr.
Æ¹. — 3 p.

36 . 127 **Delphi**. Tête de bélier à dr. ℞. Dans un carré creux : tête de
bouquetin entre deux dauphins. Æ². — Variante, la tête
de bélier à g. ; dessous, un dauphin. ℞. ΔΕΛ et deux feuilles
de lierre. Æ². — Tête de nègre à g. ℞. Dans un carré creux,
ΔΑ et une tête de bouquetin. Æ¹. — 3 p.

15 — 128 **Béotie**. Tête de Jupiter. ℞. ΒΟΙΩΤΩΝ. Victoire à g., tenant
un trident et une couronne. Æ⁴. TB.

62 — 129 Tête de Cérès de face, couronnée d'épis. ℞. Même légende.
Neptune debout, tenant un trident et un dauphin. Æ⁴.

22 — 130 **Mycalessus**. Bouclier béotien. ℞. ΜΥ. Foudre. Æ¹. B. —
Tanagra. Même bouclier. ℞. Dans un carré creux : ΤΑ.
Partie antérieure d'un cheval courant à dr. Æ³. B.
Thèbes. Même bouclier. ℞. Dans un carré creux : ΘΕΒ.

Canthare. Æ². — **Thespies**. Même bouclier. ℞. OEЧ. Croissant. Æ¹. — 4 p.

26 _ 131 **Athènes**. Tête de Pallas d'ancien style, le casque orné de feuilles d'olivier. ℞. Dans un carré creux : AOE. Chouette à dr. et pousse d'olivier. Tétr. Æ⁶. TB. — Drachme au même type. Æ³. TB. — Obole au même type. Æ¹. TB. — 3 p.

43 _ 132 Tête de la Minerve de Phidias. ℞. Dans une couronne d'olivier : AOE. Chouette sur une amphore couchée. APXITI-MOΣ ΠAMMENHΣ. Sur l'amphore, A; dessous, III. Tétr. Æ⁸. TB.

42 _ 133 **Egine**. Tortue de terre. ℞. AIΓ et un dauphin dans le carré creux. Æ⁵. TB. — AI. Même tortue. ℞. Carré creux. Æ². B. — 2 p.

10 _ 134 **Aegium**. AIΓIEWN. Tête de Jupiter. ℞. APICTOΔAMOC. Monogramme achéen. Æ³. TB.

18 _ 135 **Corinthe**. Tête de Pallas à g., le casque lauré. ℞. Ϙ. Pégase à g. Æ⁵. — Variante. Æ⁵. — Demi-drachmes à la tête de femme à g. Æ³. — AP. Pégase d'ancien style, au pas à g. ℞. Ϙ. Pégase au vol. Obole. Æ¹. — 5 p.

4 _ 136 **Patrae**. Tête de Jupiter. ℞. Dans une couronne : AΓYC AICXPIWNOC. Monogramme de la ville. Æ³. — **Sicyone**. ΣI. Chimère à g. ℞. Colombe volant à g. Æ³. — 2 p.

12 _ 137 **Elis**, Tête de Jupiter. ℞. FA. Aigle à dr. sur un chapiteau. Æ³. B.

13 _ 138 Tête de Jupiter; derrière, KAΛΛI... ℞. FA, etc. Monogramme achéen. Æ⁴. TB. — **Messénie**. Tête de Jupiter. ℞. MEΣ, trépied, ΞENOXAPHΣ. Æ³. B. — 2 p.

2 _ 139 **Argos**. Partie antérieure d'un loup, à g. ℞. A dans un carré creux. Æ³. — Tête de loup. Æ¹. — Partie antérieure d'un loup, à dr. ℞. Grand A dans un carré creux. EΠIKPA-TEOΣ. Æ³. B. — Loup en arrêt, à g. ℞. Casque. ΔE. Æ³. *Rare*. — 4 p.

30 _ 140 **Arcadie**. Jupiter assis à g., portant un aigle sur la main droite étendue. ℞. Dans un carré creux : APK[A]. Tête de femme. Æ³. TB.

141 **Megalopolis.** Tête de Jupiter à g. ℞. **MEΓ.** Pan assis sur un rocher. Æ³. — **Tegea.** Tête laurée d'Apollon à g. (ancien style). ℞. Grand **T** dans une aire concave. Æ¹. B. — 2 p.

142 **Axus.** Tête laurée de Jupiter. ℞. **FA.** Trépied; dessus, **KPA** et un foudre orné. Æ⁴. *Rare* et TB.

- 143 **Gortyne.** Tête laurée de Jupiter. ℞. **ΓOPTYNIΩN.** Europe sur le taureau. Æ⁵. B.

- 144 **Itanus.** Triton à dr., tenant un trident. ℞. Étoile. Æ². — **Chalcis d'Eubée.** Roue à quatre rais. ℞. Carré creux. Æ³. — 2 p.

- 145 **Histiée.** Tête de Bacchante. ℞. **IΣTI.** Taureau à dr. et cep de vigne. — Æ³. *Rare* et TB. *Voir planche.*

- 146 Même tête. ℞. **IΣ[TI]AIEΩN.** Nymphe assise sur une proue. Æ³. — 2 p.

- 147 **Amisus.** Buste de femme diadémée. ℞. [AM]ΙΣΟΥ. Chouette sur un bouclier. Æ². — Tête de Jupiter. ℞. **ΑΜΙΣΟΥ.** Aigle sur le foudre. B⁴. B. — 2 p.

- 148 **Mithridate le Grand.** Tête diadémée du roi. ℞. Dans une couronne de lierre en fleur : **BAΣIΛEΩΣ MIΘPAΔATOY EYΠA-TOPOΣ.** Cerf paissant à g. Année **BKΣ.** Æ⁹. B.

- 149 **Polémon II.** **BACIΛЄШC ΠΟΛЄΜШΝΟC.** Tête diadémée du roi. ℞. **ЄTOVC....** Tête laurée de Claude. Æ⁴. B. — Le même avec **ETOV[C]K** et la tête de Néron. Æ⁴. — 2 p.

- 150 **Amastris.** Tête imberbe coiffée d'un bonnet phrygien lauré et étoilé. ℞. **ΑΜΑΣΤΡΙΕΩΝ.** Déesse nicéphore, assise à g. sur un trône et tenant un sceptre. Æ⁵. B.

- 151 **Sinope.** Tête tourelée de femme à g. ℞. **ΣΙΝΩ.** Proue. Æ³. — **Cius.** Tête laurée d'Apollon. ℞. **ΔΗΜΗΤΡΙΟΣ.** Proue. Æ². — 3 p.

- 152 **Héraclée de Bithynie.** *Timotheus et Dionysius tyrans.* Tête de Bacchus jeune à g.; dessous, un thyrse. ℞. **TIMOΘEOY ΔIONYΣIOY.** Hercule à g. devant un trophée. Æ³.

- 153 **Nicomède II.** Tête diadémée du roi. ℞. **BAΣIΛEΩΣ EΠIΦA-**

ΝΟΥΣ ΝΙΚΟΜΗΔΟΥ. Jupiter debout à g., tenant une couronne. Date, **ΓΠΡ**. Æ¹¹. B.

32 - 154 **Cyzique**. Tête de lion à dr., la gueule ouverte. ℞. Carré creux. El.² B.

24 - 155 Même tête. ℞. Tête de veau incuse. El.² — 2 p. variées.

21 - 156 **Lampsaque**. Double tête imberbe. ℞. Dans un carré creux : tête de Pallas à g. Æ¹. B. — **Parium**. ΓΑ. Taureau à g., retournant la tête. ℞. Masque de Méduse. Æ². — **Pergame**. Cistophore au monogramme ΠΕΡ. Æ⁷. B. — 3 p.

62 - 157 **Attale II**. Tête laurée du roi. ℞. **ΦΙΛΕΤΑΙΡΟΥ**. Minerve assise à gauche et couronnant le nom royal. **Α** dans le champ. Æ⁸. B.

24 - 158 **Abydos**. Tête d'Apollon. ℞. **ΑΒΥ** et [Υ]ΛΛΙΓΓΟΣ. Aigle à dr. Æ³. TB. — **Birytis**. Tête de Castor à g. entre deux étoiles. ℞. Dans une couronne de laurier : **ΒΙΡΥ** et massue. B⁴. B. — **Cebren**. Tête de bélier. ℞. Carré creux. Æ¹. B. — 3 p.

30 - 159 **Ilium**. Buste de Minerve à g. ; dessous, ΙΛΙ. ℞. Énée sauvant son père et son fils. B⁵. TB. — **ΙΛΙΕΩΝ**. Même buste à dr. ℞. **ΕΚΤΩΡ**. Hector debout à dr. B³. B. — 2 p.

36 - 160 **Cyme**. Tête coiffée d'une bandelette. ℞. Dans une couronne de laurier : **ΚΥΜΑΙΩΝ**. Cheval au pas. **ΜΗΤΡΟΦΑΝΗΣ**. Æ⁹. B.

38 - 161 **Myrina**. Tête laurée d'Apollon. ℞. Dans une couronne de laurier : **ΜΥΡΙΝΑΙΩΝ**. Apollon debout, tenant une branche de laurier parée de bandelettes ; devant lui, une amphore et l'omphale apollinien. Æ⁹. B.

54 - 162 **Mytilène**. Tête laurée d'Apollon. ℞. Tête de femme dans une bordure carrée. El.¹ TB.

41 - 163 Tête de jeune homme, coiffée d'un pétase. ℞. Panthère debout à dr. dans une bordure carrée. El.¹ B.

51 - 164 Tête laurée de Jupiter. ℞. Buste de Victoire dans une bordure carrée. El.¹ B.

35 - 165 Tête laurée d'Apollon. R⁄. **MYTI** et lyre dans une bordure carrée. Æ³. TB.

21 - 166 Même tête. R⁄. **MYTI**. Tête de femme. Æ¹. TB.

27 - 167 **Ionie.** Tête casquée de Pallas à g. R⁄. Carré creux. El¹.

16 - 168 **Clazomènes.** Moitié antérieure d'un sanglier, à dr. R⁄. Dans une bordure carrée : tête de lion à dr., la gueule béante. El¹.

18 - 169 Partie antérieure d'un sanglier ailé, à dr. R⁄. Carré creux. Æ⁴. B.

48 - 170 Tête d'Apollon de face. R⁄. **KΛAIO** et **MNHΣIΘEOΣ**. Cygne à g., battant des ailes. Æ². TB.

25 - 171 **Ephèse.** Buste de Diane à dr., de beau style. R⁄. **EΦ**. Moitié antérieure d'un cerf couché. **ΓΡΥΛIΣ**. Æ⁶. TB. *Voir planche.*

30 - 172 **Phocée.** Tête de femme à g. R⁄. Carré creux. El¹. B.

24 - 173 **Chios.** Sphinx assis à g. ; devant, une proue. R⁄. **MHTPOΔΩ XIOΣ**. Amphore et aplustre. Æ⁴. B. — Sphinx assis à dr. R⁄. **HPOΣTP XIOΣ**. Amphore. B⁴. B. — 2 p.

60 - 174 **Samos.** Partie antérieure d'un sanglier ailé, à dr. R⁄. Masque de lion dans un carré creux. Æ⁴. TB. — Buste de femme. R⁄. **ΣA**. Masque de lion. B³. — 2 p.

14 - 175 **Cnide.** Tête de femme. R⁄. **KNI**. Partie antérieure d'un lion couché à dr. **AYTOKPATHΣ**. Æ³. B.

28 - 176 Même lion, d'ancien style. R⁄. Tête de femme dans un carré creux. Æ⁴. B. — Autre exemplaire, varié. — **Milet.** Tête de lion à g. R⁄. Fleuron dans un carré creux. Æ¹. TB. — 3 p.

31 - 177 **Rhodes.** Tête radiée du Soleil, de face. R⁄. **PO** et **EPAΣI-KΛHΣ**. Rose. Æ⁵. B. — Autre, la tête non radiée. R⁄. **POΔION**. Rose. Æ⁴. B. — Autre, la tête radiée. R⁄. **MNA-ΣIMAXOΣ**. Rose et figurine de Minerve à g. Æ⁶. B. — 3 p.

22 - 178 Même tête, de fort relief. R⁄. Dans un carré creux. **PO** et une rose. Æ². TB. — Tête radiée du Soleil, à dr. R⁄. Dans un

carré creux : **ΔΕΞΙΚΡΑΤΗΣ**. Rose. Æ⁴. B. — Même tête.
℞. **PO** et une rose dans un cercle perlé. Æ². — 3 p.

10 - 179 **Cragus. ΛΥ**. Tête d'Apollon. ℞. Dans un carré creux : **KP**.
Lyre. Æ³. B. – **Masicytes**. Mêmes types, avec **MA**. Æ³.
B. — 2 p.

27 - 180 **Aspendus**. Deux lutteurs affrontés. ℞. **ΕΣΤΓΕΔΙΙΥΣ**. Frondeur
et triquètre. Æ⁶.

30 - 181 **Side**. Tête casquée de Pallas. ℞. **ΚΛΕΥΧ**. Victoire à g. et
pomme de grenade. Æ⁸. B.

70 - 182 **Olba. ΑΙΑΝΤΟΣ ΤΕΥΚΡΟΥ**. Buste d'Ajax en Mercure. ℞.
ΑΡΧΙΕΡΕΩΣ ΤΟΠΑΡΧ ΚΕΝΝΑΤ ΛΑΛΑΣ. Foudre. **ΕΤ B**. B⁵.
TB.

150 - 183 **Amathonte**. Lion couché à dr.; dessus, colombe au vol. ℞.
Partie antérieure de lion, à dr. Æ⁴. B.

4 -184 **Ariarathe IV et VI**. Tête diadémée. ℞. **ΒΑΣΙΛΕΩΣ ΑΡΙΑ-
ΡΑΘΟΥ ΕΥΣΕΒΟΥΣ**. Pallas nicéphore à g. Æ⁴. — Mêmes
types et légende, avec **ΕΠΙΦΑΝΟΥΣ**. Æ⁴. — 2 p.

20 ⌈185 **Ariarathe IX**. Mêmes types et légende, avec **ΕΥΣΕΒΟΥΣ**.
　Æ⁴. — 2 p. B.

⌊186 **Ariobarzanes II**. Tête diadémée du roi. ℞. **ΒΑΣΙΛΕΩΣ ΑΡΙΟ-
ΒΑΡΖΑΝΟΥ ΦΙΛΟΠΑΤΟΡΟΣ**. Même Pallas. Æ³. B.

52 - 187 **Archelaus**. Buste diadémé. ℞. **ΒΑΣΙΛΕΩΣ ΑΡΧΕΛΑΟΥ
ΦΙΛΟΠΑΤΡΙΔΟΣ ΤΟΥ ΚΤΙΣΤΟΥ**. Massue droite entre les
lettres **ΚΒ**. Æ⁵. B.

28 -188 **Seleucus I** (*roi de Syrie*). Tête d'Hercule, coiffée de la peau de
lion. ℞. **ΣΕΛΕΥΚΟΥ**. Jupiter aétophore assis à g. Dans le
champ, ancre et cheval paissant. Æ⁸. TB.

180 - 189 Tête laurée de Jupiter. ℞. **ΒΑΣΙΛΕΩΣ ΣΕΛΕΥΚΟΥ**. Pallas combattant dans un quadrige d'éléphants. Ancre dans le champ.
Æ⁷. TB., mais fourrée.

48 - 190 **Antiochus Iᵉʳ**. Tête diadémée du roi. ℞. **ΒΑΣΙΛΕΩΣ ΑΝΤΙΟ-
ΧΟΥ**. Apollon assis à g. sur l'omphale; devant, un cheval
paissant. Æ⁸. B.

19 - 191 Autre exemplaire ; monogramme dans le champ. Æ⁸. B.

38 - 192 **Antiochus II.** Tête diadémée du roi. ℞. [BA]ΣΙΛΕΩΣ ΑΝΤΙΟ-
ΧΟΥ. Même Apollon assis. Æ⁷. B.

250 - 193 **Seleucus II.** Tête diadémée. ℞. ΒΑΣΙΛΕΩΣ ΣΕΛΕΥΚΟΥ. Apollon debout à g., accoudé à un trépied. Æ⁹. TB. *Voir planche.*

120 - 194 **Antiochus III le Grand.** Tête diadémée, entourée d'un chapelet. ℞. ΒΑΣΙΛΕΩΣ ΑΝΤΙΟΧΟΥ. Apollon assis à g. sur
l'omphale. Æ⁹. TB.

60 - 195 Drachme au type de l'éléphant. Æ⁴. TB.

25 - 196 **Antiochus IV.** Tête diadémée ; chapelet autour. ℞. [B]ΑΣΙ-
ΛΕΩΣ ΑΝΤΙΟΧΟΥ ΘΕΟΥ ΕΠΙΦΑΝΟΥΣ. Jupiter nicéphore,
assis à g. Æ⁸. B.

30 - 197 **Alexandre I Bala.** Buste drapé et diadémé. ℞. ΒΑΣΙΛΕΩΣ
ΑΛΕΞΑΝΔΡΟΥ. Aigle à g. sur un gouvernail. Massue de Tyr,
an ΓΞΡ. Æ⁸. TB.

10 - 198 Drachme au type d'Apollon assis. Æ⁴.

52 - 199 **Demetrius II.** Tête barbue diadémée. ℞. ΒΑΣΙΛΕΩΣ
ΔΗΜΗΤΡΙΟΥ ΘΕΟΥ ΝΙΚΑΤΟΡΟΣ. Jupiter nicéphore assis
à g. Date ΕΠΡ. Æ⁸. TB.

12 - 200 **Antiochus VI et Tryphon.** Tête radiée d'Antiochus. ℞. ΒΑΣΙ-
ΛΕΩΣ ΑΝΤΙΟΧΟΥ ΕΠΙΦΑΝΟΥΣ ΔΙΟΝΥΣΟΥ. Casque orné
d'une corne. Æ⁴. B.

4 ⎡ 201 **Antiochus VI.** Même tête. ℞. Même légende ; Apollon assis.
Æ⁴. B.

⎣ 202 **Antiochus VIII.** Tête diadémée. ℞. ΒΑΣΙΛΕΩΣ ΑΝΤΙΟΧΟΥ
ΕΠΙΦΑΝΟΥΣ. Jupiter nicéphore, assis à g. Æ⁷. B.

72 - 203 **Antiochus IX.** Tête diadémée. ℞. ΒΑΣΙΛΕΩΣ ΑΝΤΙΟΧΟΥ
ΦΙΛΟΠΑΤΟΡΟΣ. Pallas nicéphore, debout à g. Æ⁹. TB.

155 - 204 **Tripolis.** Bustes laurés et drapés des Dioscures, à dr. ℞. ΤΡΙ-
ΠΟΛΙΤΩΝ ΤΗΣ ΙΕΡΑΣ ΚΑΙ ΑΥΤΟΝΟΜΟΥ. Fortune de
ville, debout à g., dans une couronne de laurier. Æ⁷. TB.

27 - 205 **Rois parthes.** Mithridate Iᵉʳ, Phraate II, Tiridate II, Vologèse II,
etc. Drachmes. Æ. — 7 p.

68 - 206 **Apollodote**, *roi de Bactriane*. **ΒΑΣΙΛΕΩΣ ΑΠΟΛΛΟΔΟΤΟΥ ΣΩΤΗΡΟΣ**. Éléphant. ℞. Bœuf bossu ; légende indienne. Æ⁴ carré. B.

42 - 207 **Ménandre. ΒΑΣΙΛΕΩΣ ΣΩΤΗΡΟΣ ΜΕΝΑΝΔΡΟΥ**. Buste à g., armé d'une lance. ℞. Pallas combattant ; légende indienne. Æ⁴. B.

12 - 208 **Azès**. Le roi à cheval. Drachme. Æ.

11 - 209 **Alexandre IV**, *roi d'Égypte*. Tête coiffée d'une dépouille d'éléphant. ℞. **ΑΛΕΞΑΝΔΡΟΥ**. Pallas combattant, d'ancien style ; aigle dans le champ. Æ⁸.

62 - 210 Autre exemplaire. Æ⁸. TB.

310 - 211 **Ptolémée I**ᵉʳ. Tête diadémée du roi, l'égide autour du cou. ℞. **ΠΤΟΛΕΜΑΙΟΥ ΒΑΣΙΛΕΩΣ**. Aigle à g. sur le foudre ; dans le champ, bouclier ovale. Or⁶. TB. *Voir planche.*

370 - 212 **Arsinoé**. Tête voilée et diadémée, à dr., un sceptre sur l'épaule ; derrière, K. ℞. **ΑΡΣΙΝΟΗΣ ΦΙΛΑΔΕΛΦΟΥ**. Double corne d'abondance, ceinte d'une bandelette. Or⁸, *à fleur de coin. Voir planche.*

32 - 213 **Ptolémée VI**. Buste diadémé, à dr., et revêtu de l'égide. ℞. **ΠΤΟΛΕΜΑΙΟΥ ΒΑΣΙΛΕΩΣ**. Aigle à g. sur le foudre. Æ⁸. TB.

42 - 214 Didrachme au même type. Æ⁵. TB.

130 - 215 **Cyrène. KYPANAION**. Quadrige au pas avec son conducteur ; dans le haut, le soleil. ℞. **ΧΑΙΡΙΟΣ** rétrograde. Jupiter aétophore assis à g. ; devant, un thymiatérion. Or⁵. B. *Voir planche.*

110 - 216 Cavalier au pas, à g. ; derrière, le soleil. ℞. **KYPA**. Silphium et monogramme. Or². TB. *Voir planche.*

42 - 217 Tête imberbe à dr. ; derrière, **KY**. ℞. Tête d'Ammon à g. ; derrière, **ΓΟ**. Or¹ TB. *Voir planche.*

24 - 218 Tête d'Ammon à dr. ℞. Foudre entre deux étoiles. Or¹. B.

21 - 219 **Carthage**. Tête de Cérès à g., parée d'un collier. ℞. Cheval à dr., retournant la tête. El².

12 _ 220 Palmier avec deux fruits. R⁄. Buste de cheval à dr. Or[1].

· 12 _ 221 **Hiempsal II**, *roi de Numidie*. Tête imberbe coiffée d'épis. R⁄. Cheval courant ; dessous, deux lettres puniques. Æ[3]. B.

13 _ 222 **Juba I**[er], *roi de Maurétanie*. **REX IVBA**. Buste barbu, drapé et tenant un sceptre. R⁄. Légende punique. Temple à huit colonnes. Æ[4]. TB.

22 _ 223 Monnaies grecques en bronze, non décrites.

MONNAIES ROMAINES

1. République.

19 - 224 As, semis, triens, quadrans et once. B. — 5 p.

6

225 Deniers et quinaire anonymes au type des Dioscures. Æ. — 3 p. B.

226 Deniers au type de Victoire dans un bige et de Diane conduisant un bige de cerfs. Æ. — 2 p.

10

227 Victoriats portant les monogrammes TⱯ et VB (*Vibo?*). Æ. — 2 p.

228 Denier. ℞. Rome assise derrière la louve et les jumeaux (Babelon, p. 72). — Tête laurée ; dessous, le foudre. ℞. Quadrige de Jupiter (Bab., p. 77). Æ. — 2 p.

2 - 229 **Aburia.** ℞. Quadrige de Mars (n° 1). — ℞. Quadrige du Soleil (n. 6). Æ. — 2 p. B.

5 - 230 **Accoleia.** Buste de femme. ℞. Les trois statues de nymphes (n. 1). Æ. TB.

12 - 231 **Acilia.** ℞. Quadrige de Jupiter et de Victoire (n. 1), quadrige d'Hercule (n. 4), la Santé debout (n. 8). Æ. — 5 p. B.

5 - 232 **Aelia.** Denier de Bala (n. 4). Æ. — 3 p.

14 - 233 **Aemilia.** ℞. Statue équestre (n. 7), le roi Aretas (n. 8), Aemilius-Paulus devant un trophée (n. 10), margelle de puits (n. 11), statue équestre de Lépide (n. 20). Æ. — 6 p.

234 ℞. Même statue, avec la légende AN.XV.PR.H.O.C.S. (n. 22). — AR. B.

235 Tête d'Alexandrie (n. 23). AR. TB. — Quinaire. Instruments de sacrifice et corbeau. AR. B., mais sans légendes. — 2 p.

236 **Afrania.** ℞. Victoire dans un bige (n. 1). AR. — 2 p. TB.

237 **Annia.** ℞. Quadrige de Victoire (n. 2 et 5) ; revers seul, incus. AR. — 4 p.

238 **Antestia.** ℞. Dioscures (n. 1) et quadrige de Jupiter (n. 9). AR. — 2 p.

239 **Antia.** Tête de Restio. ℞. Hercule au trophée (n. 1). AR. B.

240 — Autre exemplaire. TB.

241 **Antonia.** ℞. Victoire dans un quadrige (n. 1). — **Appuleia.** ℞. Saturne dans un quadrige (n. 1). AR. — 3 p.

242 L.SATVRN. Saturne dans un quadrige. ℞. ROMA. Même sujet. AR. *Rare* et B.

243 **Aquillia.** Tête du Soleil (n. 1). — ℞. Guerrier relevant la Sicile (n. 2). AR. — 3 p.

244 **Atilia.** Victoire dans un bige (n. 1), Dioscures à cheval (n. 8 et 9). AR. — 3 p. B.

245 **Aurelia.** ℞. Hercule dans un bige de centaures (n. 16), quadrige de Jupiter (n. 19), Gaulois combattant dans un bige (n. 20), aigle dans une couronne (n. 21). AR. — 4 p.

246 **Axia.** Tête de Mars, le casque avec crinière. ℞. Diane dans un bige de cerfs (n. 2). AR., *rare*

247 **Baebia.** ℞. Apollon dans un quadrige (n. 12). AR. — 2 p. TB.

248 **Caecilia.** ℞. Bige d'éléphants (n. 14), Jupiter dans un quadrige au pas (n. 21), bouclier macédonien (n. 28 et 30), tête d'éléphant sous un bige (n. 38). — 5 p.

249 Éléphant à g. (n. 43), aiguière et lituus (n. 44), éléphant à dr. (n. 47). AR. — 3 p.

12 - 250 Tête de l'Afrique. ℞. EPPIVS LEG.F.C. Hercule debout (n. 50). Æ., *rare* et B.

11 - 251 Q.METEL.PIV[S] SCIPIO IMP. Génie de l'Afrique. ℞. [P.C]RASSVS.IVN. LEG.PROPR. Victoire (n. 51). Æ. B.

30

252 **Caesia**. ℞. Les dieux Lares assis. — **Calpurnia**. ℞. Bige à dr. (n. 2), les deux questeurs assis (n. 5). Æ. — 4 p.

253 Tête laurée d'Apollon. ℞. Cavalier au galop (n. 11, 12, 24). Æ. — 4 p.

254 ℞. Le même (n. 24, 25, 28). — ℞. Victoire. Quinaire (n. 13). Æ. — 5 p. B.

21

255 Buste du dieu Terme. ℞. M.PISO.M.F.FRVGI et patère dans une couronne de laurier (n. 23). Æ. B.

256 **Carisia**. Buste de MONETA. ℞. Instruments de monnayage (n. 1), Victoire dans un bige (n. 2) et dans un quadrige (n. 3), globe et sceptre (n. 4), sphinx (n. 10). Æ. — 5 p. B.

21

257 **Cassia**. ℞. La Liberté dans un quadrige (n. 1), charrue attelée de bœufs (n. 4), têtes de Liber et Libera (n. 6), aigle sur le foudre (n° 7). — 4 p.

258 Temple de Vesta (n. 8 et 9), citoyen déposant son bulletin de vote (n. 10). Æ. — 5 p. B.

259 **Cipia**. ℞. Victoire dans un bige (n. 1). — **Claudia**. ℞. Victoire dans un bige (n. 1 et 5). Æ. — 3 p.

13 - 260 Portrait de Marcellus (n. 11). Æ. B.

21

261 **Clodia**. ℞. Vestale assise (n. 13), Diane lucifère (n. 15), croissant et étoiles (n. 17). Æ. — 3 p. B.

262 **Cloulia**. Denier et quinaire. Æ. — 2 p.

263 **Coelia**. ℞. Tête du Soleil (n. 4), lectisterne (n. 7). Æ. — 2 p. B.

264 **Considia**. ℞. Temple du mont Éryx (n. 1). Æ. B.

265 ℞. Chaise curule (n. 4), Victoire dans un bige (n. 5) et dans un quadrige (n. 7). Æ. — 3 p. B.

266 **Cordia.** Vénus à la balance (n. 2), Amour sur un dauphin (n. 3), égide (n° 4). Æ. — 3 p. B.

267 **Cornelia.** R⁄. Victoire dans un bige (n. 1), Jupiter foudroyant un géant (n. 37), les trois divinités capitolines debout (n. 19 et 20). Æ. — 4 p. B.

268. R⁄. Quadrige de Jupiter (n. 24), Rome couronnée par le Génie du peuple (n. 25 et 26), instruments de sacrifice entre deux trophées (n. 29). Æ. — 4 p. B.

- 269 R⁄. Double corne d'abondance (n. 33). Æ. — 2 p. TB.

- 270 Tête de Vénus. R⁄. EX SC et corne d'abondance dans une couronne de laurier (n. 44). Æ. *Rare* et B.

- 271 Victoire dans un bige (n. 50), globe et sceptre (n. 55), Sylla et Jugurtha (n. 59). Æ. — 3 p. B.

- 272 R⁄. Buste de Jugurtha et bige de Diane (n. 60). Æ. TB.

- 273 Tête barbue. R⁄. Victoire couronnant un Génie assis de face, qui tient une corne d'abondance (n. 58). Æ. *Rare* et B.

- 274 R⁄. Globe entre quatre couronnes (n. 61), triquètre (n. 64), Jupiter debout tenant l'aigle et le foudre (n. 65). Æ. — 3 p.

- 275 Autre exempl. du n° 65 ; R⁄. Trois trophées (n. 63); quinaire (n. 51). Æ. — 3 p.

- 276 Tête barbue. R⁄. L. LENTVLVS C. MAR. COS. Diane d'Éphèse (n. 67). Æ, *très rare* et B.

- 277 R⁄. Aiguière et lituus. LENTVLVS SPINT (*Cassia*, n. 16, le nom de Cassius limé). — **Cosconia.** R⁄. Gaulois combattant dans un bige (n. 1). Æ.

- 278 **Cossutia.** Tête de Méduse. R⁄. Bellérophon sur le Pégase. Æ. *rare*.

- 279 **Crepereia.** Buste d'Amphitrite. R⁄. Neptune dans un bige d'hippocampes (n. 2). Æ. B.

280 **Crepusia.** R⁄. Gaulois (n. 1), Vénus debout dans un bige (n. 3). — **Cupiennia.** R⁄. Les Dioscures à cheval. Æ. — 3 p.

281 **Curiatia**. R/. Quadrige (n. 2). — **Curtia**. R/. Quadrige
(n. 2). — **Decimia**. R/. Diane dans un bige. AR. — 3 p.
B.

282 **Didia**. Tête de la Concorde. R/. Édifice (n. 1). — R/. Préteur
frappant un esclave (n. 2). AR. - 2 p. B.

283 **Domitia**. R/. Bestiaire sous les chevaux de la Victoire (n. 14).
— AHENOBAR. Tête à dr. R/. Trophée sur une proue
(n. 21). AR. —2 p.

284 **Egnatia**. R/. Rome et Vénus debout (n. 2), Jupiter et la
Liberté dans un temple (n. 3). AR. — 2 p. B.

285 Buste de Vénus. R/. La Liberté dans un bige au pas, à g.
(n. 1). AR. B. et *très rare*.

286 **Fabia**. R/. Quadrige de Jupiter (n. 1), foudre et corne d'abondance (n. 5 et 6), guerrier assis à g. (n. 11), Victoire dans
un bige (n. 14). AR. — 7 p.

287 **Farsuleia**. R/. Guerrier dans un bige (n. 1). — **Fonteia**. R/.
Galère (n. 1 et 7), Amour sur une chèvre (n. 11), cavalier
(n. 17). AR. — 5 p. B.

288 **Fufia**. R/. Rome et l'Italie debout (n. 1). — **Fulvia**. R/. Victoire
dans un bige. — **Fundania**. R/. Quadrige (n° 1); quinaire
(n° 2). AR. — 4 p. B.

289 **Furia**. R/. Diane dans un bige (n° 13), Rome couronnant un
trophée (n. 18), chaise curule (n. 19), chaise entre deux
faisceaux (n. 23). AR. — 5 p.

290 **Gellia**. R/. Mars enlevant Néria dans son quadrige (n. 1).
— **Herennia**. R/. L'un des frères de Catane, sauvant son père
(n. 1). — **Hosidia**. R/. Sanglier (n. 1 et 2). AR. — 4 p.
B.

291 **Hostilia**. Tête de Gaulois (n. 1), tête de la Gaule voilée
(n. 4). AR. — 2 p. B.

292 Autre exempl. du n. 1. — R/. Victoire portant un trophée
(n. 5). AR. — 2 p.

293 **Itia**. Tête casquée de Rome. R⁄. Ʋ·ITI. Les Dioscures à cheval. Æ. *Très rare*.

294 **Julia**. R⁄. Char de Vénus (n. 2), bige de Victoire (n. 3), char de Vénus attelé de deux Amours (n. 4), Victoire dans un quadrige (n. 5). Æ. — 4 p.

295 **Junia**. R⁄. Les Dioscures à cheval (n. 1 et 8), Victoire dans un bige (n. 15, 18, 19). Æ. — 5 p. B.

296 **Juventia**. R⁄. Victoire dans un bige; *C. Talna* en monogramme. TB. — **Licinia**. R⁄. Citoyen votant dans l'enceinte des comices (n. 7), quadrige de Pallas (n. 16), chevalier romain (n. 18). Æ. — 4 p.

297 Buste lauré de la Foi. R⁄. Cavalier traînant un barbare par les cheveux (n. 23). Æ. *rare*. B.

298 **Livineia**. R⁄. Chaise curule entre deux faisceaux (n. 10 et 11), bestiaires (n. 12), môdius et épis (n. 13). Æ. — 4 p. B

299 **Lollia**. R⁄. PALIKANVS. Chaise curule (n. 1) et tribune ornée d'éperons de navire (n. 2). Æ. — 3 p. TB.

300 **Lucilia**. R⁄. Bige de Victoire. — **Lucretia**. R⁄. Les Dioscures à cheval (n. 1), croissant et étoiles (n. 2), Amour sur un dauphin (n. 3). Æ. — 5 p. TB.

301 **Lutatia**. R⁄. Vaisseau (n. 2). — **Maenia**. R⁄. Quadrige de Victoire (n. 7). — **Maiania**. R⁄. Victoire dans un bige (n. 1). — **Mallia**. R⁄. Le même (n. 2). — **Mamilia**. R⁄. Ulysse et son chien (n. 6). Æ. — 5 p. B.

302 **Manlia**. R⁄. Le Soleil dans un quadrige de face (n. 1). *Rare*. — R⁄. Cavalier à g. (n. 2), Sylla dans un quadrige (n. 4). Æ. — 3 p.

303 Tête de la Sibylle. R⁄. Trépied (n. 12). Æ. B.

304 **Marcia**. R⁄. Les Dioscures à cheval (n. 1), deux épis sous le bige de Victoire (n. 8), Philippe de Macédoine à cheval (n. 11), statue équestre tenant une palme (n. 12). Æ. — 6 p.

305 R⁄. Cavalier conduisant deux chevaux (n. 18), cheval au

galop (n. 19), Marsyas (n. 42), bige de Vénus (n. 27). Æ. — 5 p.

306 Tête de Vénus. Ŗ. P.CREPVSI et C.LIMETAN. Vénus dans un bige (n. 25). Æ. *Rare.*

307 Ŗ. Aqueduc et statue équestre (n. 28 et 29). Æ. — 2 p. B.

308 **Maria.** Ŗ. Colon conduisant deux bœufs (n. 8 et 9). — **Matiena.** Ŗ. Les Dioscures à cheval. Quinaire. Æ. — 3 p. B.

309 **Memmia.** Ŗ. Les Dioscures debout (n. 1), Vénus dans un bige (n. 2), Cérès assise (n. 9), trophée (n. 10). Æ. — 4 p. B.

310 **Minucia.** Ŗ. Les Dioscures à cheval (n. 1), colonne triomphale (n. 3 et 9), quadrige de Jupiter (n. 15), deux guerriers combattant (n. 19). Æ. — 6 p. B.

311 **Mussidia.** Ŗ. Tribune portant la légende CLOACIN (n. 6). — Buste du Soleil (n. 7). Æ. — 2 p. TB.

312 **Naevia.** Ŗ. Victoire dans un trige (n. 6). — **Neria.** Ŗ. Aigle légionnaire entre deux enseignes (n. 1). *Rare.* Æ. — 2 p. B.

313 **Nonia.** Ŗ. Victoire couronnant Rome assise (n. 1). — **Norbana.** Ŗ. Proue, faisceau, caducée et épi (n. 1) ; épi, faisceau et caducée (n. 2). — **Opimia.** Ŗ. Victoire dans un quadrige (n. 12), Apollon dans un bige (n. 16). Æ. — 5 p.

314 **Numonia.** C.NVMONIVS VAALA. Tête à dr. Ŗ. VAALA. Guerrier attaquant un rempart (n. 2). Æ. B.

315 **Papia.** Ŗ. Griffon (n. 1), louve et aigle (n. 2 et 3). Æ. — 4 p. B. et TB.

316 **Papiria.** Ŗ. Quadrige de Jupiter (n. 6). Æ.

317 **Petillia.** Ŗ. Façade du temple capitolin (n. 1 et 3). Æ. — 2 p. B.

318 **Pinaria.** Ŗ. Victoire dans un bige (n. 1 et 2). Æ. — 3. p. TB.

319 **Plaetoria**. Tête de MONETA. ℞. Athlète (n. 2). Æ, *rare* et *à fleur de coin*.

320 ℞. Chaise curule (n. 1), aigle sur le foudre (n. 4), caducée (n. 5 et 6). Æ. — 4 p.

321 ℞. Aiguière et flambeau (n. 7). Æ. — 2 p. TB.

322 Buste de femme à g. ℞. Fronton de temple (n. 10). Æ, *rare* et B.

323 ℞. SORS. Buste de femme, de face (n. 10). Æ, *rare* et TB.

324 **Plancia**. ℞. Bouquetin crétois. — **Plautia**. ℞. Quadrige de Jupiter à g. (n. 11 et 12), *Bacchius Iudaeus* (n. 13). — Masque de Méduse. ℞. L'Aurore et ses chevaux (n. 14). Æ. — 8 p. B.

325 **Poblicia**. ℞. Rome assise à g., couronnée par la Victoire (n. 4), personnage héroïque et tablette (n. 8), Hercule étreignant le lion (n. 9). Æ. — 4 p. B.

326 **Pompeia**. ℞. Faustulus et la louve avec les jumeaux (n. 1). Æ.

327 Tête de Sylla et du consul Rufus (n. 4), chaises curules (n. 5). Æ. — 3 p. B.

328 **Pomponia**. ℞. Le roi Numa sacrifiant (n. 6), *Hercules Musarum* (n. 8). Æ. — 2 p.

329 ℞. Calliope (n. 9), le mot MVSA devant la figure. — ℞. Clio déployant un rouleau (n. 11). Æ. — 2 p. B.

330 ℞. Euterpe (n. 13), Melpomène (n. 14), Polymnie (n. 15). Æ. — 3 p. B.

331 ℞. Terpsichore (n. 18), Thalie (n. 19 et 21), Uranie (n. 22). Æ. — 4 p. B.

332 Tête de Jupiter. ℞. Q. POMPONI. Aigle tenant une couronne (n. 23). Æ. *Rare*. B.

333 **Porcia**. ℞. Droit d'appel accordé aux citoyens (n. 4), Victoire assise (5-7 et 9-10), Gaulois combattant dans un char (n. 8). Æ. — Deniers et quinaires. 9 p.

16 - 334 **Postumia.** ℞. Mars dans un quadrige (n. 1), trois cavaliers galopant à g. (n. 4), sacrifice du taureau (n. 7 et 8), chien courant (n. 9), deux mains jointes (n. 10), trompettes gauloises en sautoir (n. 11). Æ. — 7 p.

10 - 335 ℞ Couronne d'épis (n. 13 et 14). Æ. — 2 p. B.

10 - 336 **Procilia.** ℞. Junon Sospita (n. 1), la même dans un char (n. 2). — **Quinctia.** ℞. Bouclier macédonien sous les chevaux des Dioscures (n. 2), cavalier à g., conduisant deux chevaux (n. 6). — **Renia.** ℞. Junon dans un bige de chèvres (n. 1). Æ. — 5 p.

18 ⎡337 **Roscia.** ℞. Jeune fille devant un serpent. 2 p. — **Rubria.** ℞. Char triomphal (n. 1), Victoire (n. 4, quinaire). — **Rustia.** ℞. Bélier (n. 1). — **Rutilia.** ℞. Victoire dans un bige. Æ. — 6 p.

338 **Satriena.** ℞. Louve. — **Saufeia.** ℞. Bige de la Victoire. Æ. — 3 p. TB.

9 - 339 **Scribonia** . ℞. Les Dioscures à cheval (n. 1), margelle de puits (n. 8). — **Sempronia.** ℞. Dioscures (n. 2). — **Sentia.** ℞. Jupiter dans un quadrige. — **Sergia.** ℞. Cavalier galopant à g. Æ. — 6 p. B.

11 - 340 **Servilia.** ℞. Cavaliers combattant (n. 1, 5, 7, 13), Victoire dans un bige (n. 14), deux guerriers debout (n. 15). Æ. — 6 p. B.

25 - 341 **Servia.** L. SERVIVS RVFVS. Tête à dr. ℞. Les Dioscures debout (Sulp., n. 10). Æ. *très rare.*

9 - 342 **Sicinia.** ℞. Massue recouverte de la peau de lion (n. 1), palme et caducée en sautoir (n. 5). — **Sulpicia.** ℞. Deux guerriers et la truie (n. 1), instruments de sacrifice (n. 7). Æ. — 4 p. B.

12 - 343 Tête laurée. ℞. Trophée naval (n. 8). Æ. *rare.* B.

15 - 344 **Tarquitia.** ℞. Victoire dans un bige (n. 1). Æ. TB.

15 - 345 **Terentia.** ℞. Les Dioscures à cheval (n. 10), sceptre entre un aigle et un dauphin (n. 15). TB. — **Thoria.** ℞. Taureau courant. Æ. — 4 p.

346 **Titia.** ℞. Pégase (n. 1 et 2), avec le quinaire (n. 3). Æ. — 3 p. TB.

347 **Tituria.** ℞. Enlèvement d'une Sabine (n. 1, 4, 5), Victoire dans un bige (n. 6). — **Trebania.** ℞. Quadrige de Jupiter — **Tullia.** ℞. Quadrige de Victoire. Æ. — 6 p. B.

348 **Valeria.** ℞. Bige de Victoire (n. 8), Mars au trophée (n. 11), aigle légionnaire entre deux enseignes (n. 12). Æ. — 5 p. B.

349 MESSAL.F. Buste de Rome casquée. ℞. PATRE.COS. Chaise curule (n. 13). Æ, *très rare*.

350 ℞. Valeria Luperca assise sur une génisse (n. 17), chouette à tête de Minerve (n. 18), Diane dans un bige (n. 20). Æ. — 4 p. B.

351 **Vargunteia.** ℞. Jupiter dans un quadrige au pas. — **Vettia.** Quinaire (n. 1). — ℞. Vettius dans un bige au pas à g. (n. 2). Æ. — 3 p. B.

352 **Veturia.** ℞. Scène du serment (n. 1). — **Vibia.** ℞. Pallas dans un quadrige (n. 1, 2, 3 et 5). Æ. — 5 p. B.

353 ℞. Cérès tenant deux flambeaux (n. 6), Jupiter Axur (n. 19), Rome assise (n. 10). Æ. — 5 p. B.

354 ℞. Masques de Pan (n. 8 et 9). Æ. — 2 p. TB.

355 ℞. Pallas debout (n. 23). Æ. TB.

356 Autre exemplaire du n. 23. — ℞. Panthère devant un autel (n. 24). Æ. — 2 p.

357 ℞. Hercule debout (n. 26). Æ. TB.

358 **Vinicia.** CONCORDIAE. Tête laurée. ℞. L.VINICI. Victoire portant une palme. Æ.

359 **Volteia.** ℞. Temple capitolin (n. 1), sanglier (n. 2), Cérès dans un bige de serpents (n. 3), Cybèle dans un bige de lions (n. 4). Æ. — 4 p. B.

360 Tête de Jupiter. ℞. Europe sur le taureau (n. 6). Æ, *rare*.

2. Empire.

9 - 361 **Pompée.** *Poblicia.* ℟. CN.MAGNVS.IMP. Victoire présentant une palme à Pompée (Cohen, n. 1). Æ. — 2 p.

8 - 362 *Calpurnia.* Tête de Numa Pompilius, le mot NVMA sur le diadème. ℟. MAGN.PRO.COS. Proue (n. 4). Æ. TB.

38 - 363 *Nasidia.* NEPTVNI. Tête de Pompée ; trident et dauphin dans le champ. ℟. Galère à la voile (n. 20). Æ. B.

20 - 364 MAG.PIVS.IMP.ITER. Même tête. ℟. PRÆF.CLAS. etc. Neptune entre les deux frères de Catane (n. 17). Æ. B.

13 - 365 **Jules César.** Tête de Vénus. ℟. CAESAR. Énée portant Anchise et le palladium (n. 12), *à fleur de coin*. — Même tête. ℟. Trophée gaulois (n. 13, 14, 18). Æ. — 5 p.

18 - 366 *Livineia.* Tête de César entre un laurier et un caducée. ℟. L.LIVINEIVS REGVLVS. Taureau courant à dr. (n. 27). Æ. B.

10 - 367 *Mussidia.* Tête laurée de César. ℟. L.MVSSIDIVS LONGVS. Globe, gouvernail, etc. (n. 29). Æ. TB.

7 - 368 *Mettia.* Même tête. ℟. M.METTIVS. Vénus debout à g. (n. 34). Æ.

12 - 369 *Flaminia.* Même tête. ℟. L.FLAMINIVS III.VIR. Femme debout à g., tenant un sceptre et un caducée (n. 26). Æ. B.

32 - 370 *Alliena.* C.CAESAR IMP.COS.ITER. Tête de Vénus. ℟. A.ALLIENVS PRO.COS. Le Génie de la Sicile (n. 1). Æ.

11 - 371 *Sepullia.* CLEMENT[IAE C]AESARI[S]. Temple (n. 44). Æ. B.

15 - 372 *Voconia.* DIVI IVLI. Tête laurée de César. ℟. Q.VOCO- NIVS VITVLVS. Veau passant à g. (n. 46). Æ. B.

5 - 373 CAESAR. Éléphant. ℟. Instruments de sacrifice (n. 49). — Tête

de Cérès. ℞. AVGVR, etc. Instruments de sacrifice (n. 4).
Æ. — 3 p. B.

12 - 374 **César et Antoine**. CAESAR DIC. Tête laurée. ℞.M. ANTON.
IMP. Tête nue (n. 3). Æ.

42 - 375 **César et Octave**. DIVOS IVLIVS DIVI F. Têtes en regard.
℞. M.AGRIPPA COS DESIG (n. 5). Æ. B.

22 - 376 **Brutus**. *Plaetoria*. L.PLAET.CEST. Buste de femme voilée.
℞. BRVT.IMP. Hache et vase à sacrifice (n. 2). Æ. TB.

22 - 377 CASCA LONGVS. Tête de Neptune et trident. ℞. BRVTVS
IMP. Victoire (n. 3). Æ. TB.

20 ⎡378 COSTA LEG. Tête laurée de femme. ℞. BRVTVS IMP. Tro-
⎢   phée (n. 4). Æ. TB.
⎢
⎣379 LEIBERTAS. Tête de femme. ℞. [CAEPIO] BRVTVS.PRO.
     COS. Lyre (n. 5). Æ. B.

12 - 380 BRVTVS. Hache, simpule et couteau. ℞. LENTVLVS
SPINT. Aiguière et lituus (n. 6). Æ. TB.

35 - 381 *Flavia*. C.FLAV.HEMIC.LEG.PRO.PR. Buste d'Apollon.
℞. IMP.Q.CAEP.BRVT. Victoire couronnant un trophée
(n. 7). Æ. B.

20 - 382 *Sestia*. L.SESTI PRO.Q. Buste voilé de femme. ℞. Q.CAE-
PIO BRVTVS PRO.COS. Trépied (n. 11). Æ. TB.

8 - 383 — Même légende. Chaise curule. ℞. Q.CAEPIO etc. Trépied
(n. 13). Æ, quinaire. B.

15 - 384 *Junia*. BRVTVS. Tête de Brutus l'ancien. ℞. AHALA. Tête
d'Ahala. — LIBERTAS. Buste de la Liberté. ℞. BRVTVS.
Brutus l'ancien accompagné de ses licteurs. — LEIBERTAS.
Buste de femme. ℞. Ancre et proue en sautoir; quinaire.
Æ. — 4 p. B.

22 ⎡385 **Sextus Pompée**. [MAG] PIVS IMP ITE[R]. Tête de Neptune.
⎢   ℞. Trophée maritime (n. 1). Æ. B.
⎢
⎣386 Autre exemplaire. —Phare de Messine. ℞. PRÆF.CLAS.ET.
    ORÆ.MARIT.EX.S.C. Scylla brandissant une rame (n. 2).
    Æ. — 2 p.

6 — 387 **Antoine**. ANTON.AVG.IMP., etc. Tête d'Antoine. ℞. ANTONVS (sic) AVG.IMP.III (n. 2). Æ.

15 — 388 *Domitia*. ANT.IMP.III.VIR.R.P.C. Tête à dr. ℞. CN. DOMIT.AHENOBARBVS IMP. Proue (n. 10). Æ. B.

23 — 389 M.ANTONIVS etc. IMP.IIII. Tête à dr. ℞. Victoire à g. dans une couronne de laurier (n. 81). — Æ. B.

12 — 390 *Sepullia*. Tête voilée d'Antoine (n. 74). Æ. B.

11 — 391 *Vibia*. Tête barbue d'Antoine. ℞. C.VIBIVS VARVS. Fortune nicéphore à g. (n. 4). Æ.

9 — 392 ℞. Temple du Soleil (n° 12), Antoine debout tenant le lituus (n. 13). Æ. — 2 p. B.

6 — 393 Légion VIII. — ℞. Tête du Soleil (n. 68). Æ. 2 p.

5 — 394 ℞. PIETAS COS (n. 77), quinaire (n. 82). Æ. — 2 p. B.

6 — 395 ℞. PIETAS COS (n. 79). Æ. B.

7 — 396 **Antoine et Octave**. *Barbatia*. Denier aux deux têtes, avec Q.P. (n. 7). Æ.

6 — 397 *Gellia*. Mêmes têtes ; aiguière et lituus dans le champ (n. 10). Æ. B.

25 — 398 **Lucius Antoine et Marc-Antoine**. *Cocceia*. L.ANTONIVS COS. Tête à dr. ℞. M.ANT.IMP.AVG.III.VIR.R.P.C, etc. Tête à dr. (n. 2). Æ.

200 — 399 **Auguste**. AVGVSTVS DIVI. F. Tête nue. ℞. IMP.X. Taureau cornupète à dr. (n. 136). Or. TB. *Voir planche*.

14 — 400 Tête à dr. ; derrière, le lituus. ℞. AEGVPTO CAPTA. Crocodile (n. 3). — ℞. ASIA RECEPTA. Victoire sur la ciste (n. 14). Quinaire. Æ. — 2 p.

12 — 401 ℞. Capricorne (n. 20), Caius César à cheval (n. 40), les deux Césars debout (n. 43). Æ. — 3 p. B.

17 — 402 ℞. Bouclier portant le mot CAESAR (n. 44), Neptune (n. 60). Æ. — 2 p.

— 403 ℞. Octave marchant à g. (n. 70), le même debout à dr. (n. 72), manteau impérial et couronne (n. 78). Æ. — 3 p.

404 R̷. Temple de César (n. 90), comète (n. 97). Æ. — 2 p.

405 Autel de la Fortune *redux* (n. 104), Terme (n. 114). Æ. —
2 p. B.

406 Victoire sur une proue (n. 115). - R̷. Octave assis (n. 116),
prêtre conduisant deux bœufs (n. 117), trophée naval
(n. 119), temple de César (n. 122). Æ. — 5 p. B.

407 R̷. Arc de triomphe surmonté d'un quadrige (n. 123), statue
sur une colonne rostrale (n. 124), soldats offrant des branches
de laurier à Auguste assis (n. 133), IMP.X. Taureau à dr.
(n. 137). Æ. — 4 p. B.

408 R̷. La Sicile en Diane (n. 146), IMP.XII. Taureau à dr.
(n. 153). Æ. — 2 p.

409 R̷. Temple de Mars *ultor* (n. 190). Æ. TB.

410 R̷. Statue équestre (n. 246), aigle, trophée et enseignes
(n. 248), SIGNIS RECEPTIS avec bouclier, aigle et
enseigne (n. 264). Æ. — 3 p.

411 R̷. Quadrige (n. 274), bouclier votif (n. 294) et autre exempl.
du n. 248. Æ. — 3 p. B.

412 *Antistia*. R̷. Instruments de sacrifice (n. 347). Æ.

413 R̷. Le même (n° 348). *A fleur de coin.*

414 *Aquillia*. Tête du Soleil. R̷. Quadrige au pas (n. 357). Æ.

415 Tête nue d'Auguste. R̷. Fleur épanouie (n. 364). Æ. B.

416 R̷. Guerrier relevant une femme (n. 366). Æ. TB.

417 R̷. Bige d'éléphants (n. 354). Æ.

418 *Caninia*. R̷. Parthe à genoux, présentant une enseigne (n. 383).
Æ. TB.

419 *Carisia*. R̷. Grand trophée celtibérien (n. 403). Æ. TB.

420 *Durmia*. Tête de l'Honneur. R̷. Parthe à genoux, tenant
l'enseigne (n. 428). Æ. B.

421 Même tête. R̷. Quadrige au pas (n. 429). Æ. TB.

37 - 422 Tête d'Auguste. ℞. Sanglier percé d'une flèche (n. 430). Æ, *à fleur de coin.*

35 - 423 Même tête. ℞. Lion dévorant un cerf (n. 431). Æ. B.

52 - 424 *Licinia.* ℞. Anciles des Saliens et bonnet de flamine (n. 438). Æ. TB.

22 ⌈ 425 *Livineia.* Tête nue d'Octave. ℞. Victoire avec palme et couronne (n. 443). Æ. B.

⌊ 426 *Mescinia.* Tête laurée d'Auguste. ℞. Statue de Mars sur un cippe (n. 463). Æ. B.

13 - 427 *Petronia.* Tête de Féronie. ℞. L'Arménie à genoux (n. 487). Æ. B.

27 - 428 Même tête. ℞. Parthe à genoux (n. 484). — Tête de Bacchus. ℞. Le même (n. 485). Æ. — 2 p. B.

13 - 429 ℞. Pégase marchant à dr. (n. 491). Æ.

15 - 430 ℞. Tarpeia écrasée sous des boucliers (n. 494). Æ. TB.

7 - 431 *Rustia.* Bustes conjugués des deux Fortunes d'Antium (n. 513). Æ. B.

21 - 432 *Sulpicia.* ℞. Auguste et Agrippa assis sur une estrade ornée de rostres (n. 529). Æ. B.

42 - 433 *Vinicia.* Statue équestre devant les murs d'une ville. ℞. Cippe portant une légende en six lignes (n. 543). Æ. TB.

16 - 434 DIVVS AVGVSTVS. Tête radiée à g. ℞. Livie assise (n. 93); Auguste assis (n. 87); autel de la Providence. MB. — *Olba de Cilicie.* Tête laurée d'Auguste. ℞. ΑΡΧΙΕΡΕΩΣ ΑΙΑΝΤΟΣ ΤΕΥΚΡΟΥ etc. Foudre. MB. — **Auguste et Rhœmetalcès.** Tête d'Auguste. ℞. ΒΑΣΙΛΕΩΣ ΡΟΙΜΗΤΑΛΚΟΥ. Tête à dr. — ℞. Bustes conjugués du roi de Thrace et de sa femme. MB. — 6 p.

9 - 435 **Livie.** PIETAS. Buste voilé. ℞. SC. (n. 1). MB.

19 - 436 **Agrippa.** Tête à g. avec la couronne rostrale. ℞. Neptune debout (n. 3). MB. TB.

⌈ 437 **Auguste et Agrippa.** Moyens bronzes fr. à Nîmes. — 2 p.

438 **Tibère.** ℞. Livie assise (n. 16). Ӕ. — 2 p.

- 439 **Antonia.** ℞. Claude debout en habit sacerdotal (n. 6). MB. B.

- 440 **Germanicus et Caligula.** GERMANICVS CAES.P.C.CAES. AVG.GERM. Tête nue. ℞. C.CAESAR etc. Tête nue de Caligula (n. 2). Ӕ.

441 **Néron et Drusus.** NERO ET DRVSVS CAESARES. Les deux Césars à cheval. ℞. SC, etc. (n. 1). MB. B.

442 **Caligula.** ℞. Vesta assise (n. 27). MB. B.

- 443 **Caligula et Auguste.** C.CAESAR.AVG., etc. Tête nue. ℞. Tête radiée d'Auguste entre deux étoiles (n. 11). Ӕ. B.

- 444 **Claude.** TI.CLAVD.CAESAR.AVG.P.M·TR.P. Tête laurée. ℞. IMPER RECEPT sur le mur du camp prétorien (n. 40). Or. B. *Voir planche.*

- 445 ℞. CONSTANTIAE AVGVSTI. Guerrier debout à g. (n° 14). MB. — Main tenant une balance. ℞. SC etc. (n. 71). PB., *à fleur de coin.*

- 446 **Agrippine et Claude.** AGRIPPINAE AVGVSTAE. Buste lauré et drapé. ℞. TI CLAVD CAESAR AVG GERM PM TRIB POT PP. Tête laurée (n. 3). Or. B. *Voir planche.*

- 447 La même en argent (n. 4).

- 448 **Néron.** NERO CAESAR. Tête laurée. ℞. AVGVSTVS GERMANICVS. Néron radié, debout et de face, tenant une branche de laurier et une petite Victoire (n. 44). Or. B.

- 449 Tête nue. ℞. EX S.C dans une couronne de chêne. TR.P. VI.COS.IIII (n. 213). Or. B.

- 450 NERO CLAVD CAES DRVSVS GERM PRINC IVVENT. Buste drapé à g. ℞. SACERD COOPT etc. Instruments de sacrifice (n. 311). Or. B.

- 451 ℞. SALVS. La Santé assise à g. (n. 316). Ӕ.

452 ℞. CONG II DAT POP. Distribution du congiaire (n. 78). GB.

18

453 R⁄. ROMA. Rome assise à g. (n. 285). GB. B.

22 454 R⁄. Arc de triomphe surmonté d'un quadrige (n. 306). GB. B. — R⁄. Temple de Janus (n. 171), Victoire à g. (n. 337). MB. --- R⁄. Table de jeux (n. 61, avec CAES), Rome assise (n. 189). PB. TB. — 3 p.

23 455 **Néron** et **Claude**. NERO CLAVD CAES DRVSVS GERM PRINC IVVENT. Buste drapé à g. R⁄. TI CLAVD CAESAR AVG GERM PM TRIB POT PP. Tête laurée (n. 5). Æ. B.

7 456 **Galba.** IMP GALBA. Tête laurée. R⁄. LIBERTAS [P]VBLICA. La Liberté debout à g. (n. 118). Æ. --- SER GALBA IMP CAES AVG TR P. Buste lauré. R⁄. SC. Victoire à g. tenant le Palladium (n. 255). GB. — 2 p.

35 457 **Autonomes.** BON EVEN[T]. Tête juvénile. R⁄. ROM RENASC. Rome debout, tenant une figurine de Victoire (n. 396). Æ. B.

16 458 **Othon.** IMP M OTHO CAESAR AVG TR P. Tête nue. R⁄. VICTORIA OTHONIS. Victoire à dr. (n. 27). Æ. B. — **Vitellius.** R⁄. XV VIR SACR FAC. Trépied (n. 111). Æ. --- 2 p.

70 459 **Vespasien.** IMP CAESAR VESPASIANVS AVG. Tête laurée. R⁄. AETERNITAS. Femme tenant deux bustes radiés. (n. 21). Or.

10 460 R⁄. L'empereur assis (type du n. 387), bouclier soutenu par deux capricornes (n. 497), CONSECRATIO et aigle (n° 651). Æ. et Bill. --- 4 p. B.

90 461 **Titus.** T CAESAR IMP VESPASIANVS. Tête laurée. R⁄. COS VI. Rome assise, la louve et deux vautours (n. 64). Or. B. *Voir planche.*

21 462 R⁄. IOVIS CVSTOS. Jupiter debout devant un autel (n. **106**). Æ., *à fleur de coin.* — R⁄. Statue radiée sur une colonne rostrale (n. 272), Vénus victrix (n. 284), ancre et **dauphin** (n. 309), éléphant (n. 303). Æ. — 5 p. TB.

13 — 463 **Julie.** IVLIA IMP T AVG F AVGVSTA. Buste drapé. R̷.
La Concorde assise à g. MB. B.

51 — 464 **Domitien.** DOMITIANVS CAESAR AVG F. Tête laurée. R̷.
COS.IIII. Corne d'abondance (n. 46). Or.

16 — 465 R̷. La louve et les jumeaux (n. 51), Pégase (n. 47), Pallas
combattant (n. 218 et 560), Prince de la Jeunesse (n. 384,
397, 399), Domitien à cheval (n. 664). Æ. — 8 p. B.

12 ⎧ 466 R̷. Domitien debout à g., couronné par la Victoire (n. 512).
⎪ GB. B. — R̷. Mars portant un trophée (n. 427). MB. B.
⎨ — R̷. Laurier (n. 544), rhinocéros, etc. PB. — 6 p. B.
⎪
⎩ 467 **Nerva.** R̷. La Liberté (n. 113). Æ.

75 — 468 **Trajan.** IMP CAES NER TRAIANO OPTIMO AVG GER
DAC. Buste lauré. R̷. SALVS AVG. La Santé assise à g.
(n. 331). Or. B. *Voir planche.*

13 — 469 R̷. DACICVS. Victoire (*variante du* n. 128), le Danube
(n. 136), Mars au trophée (n. 271), la Paix (n. 292), Génie
sacrifiant (n. 394), et une drachme lycienne au R̷. des deux
lyres. Æ. — 6 p. B.

160 — 470 **Adrien.** HADRIANVS AVGVSTVS. Tête laurée. R̷. COS
III. La louve et les jumeaux (n. 420). Or. B. *Voir planche.*

7 — 471 R̷. Neptune (n. 307), le Nil (n. 989), Adrien relevant la Gaule
(n. 1247). Æ. — 3 p. dont 2 TB.

18 — 472 R̷. COS III. Rome assise à g. (n. 342). GB. — R̷. La Jus-
tice assise (n. 887), Neptune (n. 980), galère (n. 659), trois
enseignes. GBˢ., MB. et PB.

125 — 473 **Sabine.** SABINA AVGVSTA. Buste drapé et diadémé. R̷.
IVNONI REGINAE. Junon à g. avec son paon (n. 46).
Or.

5 — 474 R̷. Vénus génétrix (n. 73), et une drachme d'Amisus du Pont
(type : Vénus au bain). Æ. — 2 p.

285 — 475 **Aelius César.** L.AELIVS CAESAR. Tête nue à g. R̷. TRIB
POT COS II. La Concorde assise à g. Exergue · CONCORD
(n. 4, *cité d'après Caylus*). Or, presque à fleur de coin. *Voir
planche.*

6 _ 476 Denier au même revers, la tête à dr. Ӕ.

86 - 477 **Antonin.** ANTONINVS AVG PIVS PP TR P XII. R⁄. COS
IIII. L'Équité debout (n. 237). Or. TB. *Voir planche.*

4 - 478 R⁄. DIVO PIO. Statue sur une colonne (n. 353). Ӕ. — **Antonin et Marc-Aurèle.** Denier aux deux bustes (n. 14). Ӕ.

1020 - 479 **Faustine mère.** DIVA FAVSTINA. Buste drapé. R⁄. CON-
SECRATIO. Paon (n. 177). Or, *à fleur de coin. Voir planche.*

11 _ 480 R⁄. Concorde, temple dédié (n. 191), la Piété (n. 234). Ӕ.
— 3 p.

125 - 481 **Marc-Aurèle.** AVRELIVS CAESAR AVG PII F. Buste drapé.
R⁄. TR POT II COS II. Femme tenant deux épis et un
plateau de fruits (n. 611). Or. TB. *Voir planche.*

86 - 482 AVRELIVS CAES ANTON AVG PII F. Tête à dr. R⁄. TR
POT XII COS II. Apollon citharède (n. 723). Or. TB. *Voir
planche.*

61 _ 483 M ANTONINVS AVG ARM PARTH MAX. Buste lauré et
cuirassé. R⁄. TR P XXI IMP IIII COS III. Victoire à g.
(n. 883). Or.

3 - 484 R⁄. COS DES II. L'Allégresse debout (*type de l'or*, n. 99),
même type avec COS II (n. 110), la Providence (n. 508).
Ӕ. — 3 p.

360 - 485 **Faustine jeune.** FAVSTINAE AVG PII AVG FIL. Buste
drapé. R⁄. VENVS. Vénus debout à g., tenant une pomme
(n. 260). Or. B. *Voir planche.*

6 - 486 R⁄. L'Allégresse (n. 111), deux enfants sur un trône (n. 191).
Ӕ. — R⁄. L'Allégresse (n. 113). MB. — Buste drapé à dr.
R⁄. SC. Colombe. PB. — 4 p.

16 - 487 **Annius Vérus.** Tête enfantine. R⁄. SC dans une couronne
(t. VIII, 270, n. 31). PB. *Très beau.*

82 - 488 **Lucius Vérus.** L. VERVS AVG ARMENIACVS. Tête nue à
dr. R⁄. REX ARMEN DAT. Couronnement du roi d'Armé-
nie (n. 158, *d'après l'ancien catalogue de la Bibliothèque*). Or,
à fleur de coin. Voir planche.

489 Même légende. Buste lauré et cuirassé. ℞. TR P IIII IMP II COS II. Victoire tenant un bouclier à la légende VIC AVG (n. 247). Or, *presque à fleur de coin*.

490 ℞. L'Équité (n. 297). Æ.

491 **Lucille.** LVCILLAE AVG ANTONINI AVG F. Buste drapé. ℞. VOTA PVBLICA dans une couronne (n. 97). Or. B. *Voir planche.*

492 ℞. Vénus victrix (n. 90). Æ.

493 **Commode.** COMMODO CAES AVG FIL GERM SARM. Buste jeune à dr. ℞. PRINC IVVENT. Le Prince debout près d'un trophée (n. 606). Or. B.

494 L AVREL COMMODVS AVG. Buste lauré et cuirassé. ℞. TR P III IMP II COS PP. Castor tenant son cheval (n. 760). Or. B.

495 ℞. Massue (n. 190). Æ. — ℞. Hercule sacrifiant (n. 178). MB. *Très beau.* — Buste de Commode jeune. ℞. SC. Caducée. PB. — **Crispine.** ℞. Autel allumé (n. 16). Æ. — 4 p.

496 **Pertinax.** IMP CAES P HELV PERTIN AVG. Buste lauré. ℞. PROVID DEOR COS II. La Providence debout à g., le bras tendu vers le soleil (n. 42). Or. TB. *Voir planche.*

497 **Albin.** ℞. Deux mains jointes tenant une aigle-enseigne (n. 22). Æ. TB.

498 **Septime-Sévère.** ℞. Annona, arrivée de l'empereur, déesse de Carthage, etc. Æ. 10 p.

499 **Julia Domna.** IVLIA DOMNA AVG. Buste drapé. ℞. VENERI VICTR. Vénus tenant une pomme et une palme (n. 193). Or. TB. *Voir planche.*

500 ℞. Luna Lucifera (grand module), Diane au flambeau, Cérès et Vénus assises etc. Æ. TB. — ℞. VESTA. Sacrifice devant un temple (n. 236). Petit médaillon ou MB. — 6 p.

501 **Caracalla.** ANTONINVS PIVS AVG GERM. Buste lauré et cuirassé. ℞. PM TR P XX COS IIII PP. Le Soleil debout (n. 388). Or. TB. *Voir planche.*

5 - 502 ℞. Vénus victrix (grand module), Apollon, Mars, la Lune dans son bige de génisses, etc. Æ. — 7 p.

13 - 503 **Plautille.** ℞. Concorde debout, Caracalla et Plautille se donnant la main. Æ. — 3 p. B.

3 - 504 **Geta.** ℞. Minerve, la Sécurité, etc. Æ. -- 3 p. TB.

21 - 505 IMP CAES P SEPT GETA PIVS AVG. Buste lauré. ℞. [PONTIF] TR P II COS II. Deux figures voilées sacrifiant; entre elles, une troisième figure voilée (n. 144). GB. B.

5 - 506 **Macrin.** ℞. Cérès assise (n. 56). Æ. B.

11 - 507 **Diaduménien.** ℞. L'Espérance (n. 21). Æ. TB.

285 - 508 **Élagabale.** IMP CAES M.AVR.ANTONINVS AVG. Buste lauré et cuirassé. ℞. VICTOR.ANTONINI.AVG. Victoire à dr. (n. 288). Or. TB. *Voir planche.*

8 - 509 ℞. Victoire (grand module), la Liberté. — **Julia Paula.** ℞. La Concorde assise (n. 6). — **Soémias.** ℞. Vénus céleste (n. 14). — **Maesa.** ℞. Piété et Pudicité. Æ. — 6 p.

9 - 510 **Alexandre Sévère.** ℞. Jupiter combattant, le Soleil, l'Espérance, etc. Æ. TB. — ℞. Victoire écrivant sur un bouclier. (n. 567). GB. — 8 p.

12 - 511 **Orbiane.** ℞. CONCORDIA AVGG. La Concorde assise à g. (n. 1). Æ. TB.

21 - 512 SALL BARBIA ORBIANA AVG. Buste drapé et diadémé. ℞. CONCORDIA AVGVSTOR[VM]. La Concorde assise à g. (n. 4). GB. TB.

7 ⎡ 513 **Julie Mamée.** ℞. La Félicité publique, Vénus felix. Æ. — ℞. Vénus victrix. MB. — En tout 4 p.

  ⎣ 514 **Maximin Ier.** ℞. La Paix, l'empereur debout entre deux enseignes. Æ. — 3 p. B.

25 515 **Pauline.** DIVA PAVLINA. Buste voilé. ℞. CONSECRATIO. Pauline assise à g. sur un paon (n. 2). Æ. B.

15 . 516 **Maxime.** ℞. Prince de la Jeunesse (n. 10). Æ. B. — GB. au même type, avec PRINCIPI (n. 14). B. — 2 p.

102 - 517 **Gordien d'Afrique fils.** IMP M ANT GORDIANVS AFR AVG. Buste drapé et lauré. ℟. VIRTVS AVGG. Guerrier debout à g. (n. 14). Æ. B.

150 - 518 ℟. ROMAE AETERNAE. Rome nicéphore assise à g. (n. 9). GB. TB.

12 - 519 **Balbin.** ℟. Deux mains jointes (n. 3). — ℟. Victoire (n. 27). Æ. — 2 p. B.

27 - 520 ℟. Adolescent debout à g., tenant un rameau et un sceptre (n. 21). GB. TB.

15 521 **Pupien.** ℟. AMOR MVTVVS AVGG. Deux mains jointes (n. 1). Æ. B.

522 **Gordien III.** ℟. PIETAS AVGG. Instruments de sacrifice (n. 182). Bill.

4 523 ℟. La Libéralité, Hercule, l'empereur à cheval, etc. — **Philippe père.** Dioscures, éléphant, louve etc. Bill. — 10 p.

524 **Otacilie.** ℟. Piété et Pudicité. Bill. — 2 p. TB.

10 - 525 ℟. CONCORDIA AVGG. La Concorde assise à g. (n. 10). GB. — 2 p. TB.

10 526 **Philippe fils.** ℟. Prince de la Jeunesse. — **Trajan-Dèce.** ℟. L'empereur à cheval, etc. Bill. — S. C. Mars debout (n. 102). PB. B. — **Étruscille.** ℟. La Pudicité assise. Bill. 2 p. — ℟. La Fécondité (n. 9). GB. — En tout, 8 p.

527 **Hostilien.** ℟. Mars combattant. — **Trébonien-Galle.** ℟. Apollon, temple de Junon. — **Volusien.** ℟. Temple de Junon, etc. Bill. — 6 p.

16 - 528 **Émilien.** ℟. P M TR P I PP. L'empereur sacrifiant devant une enseigne militaire (n. 33). Bill. TB.

5 - 529 **Valérien.** ℟. Apollon, la Félicité, etc. — **Mariniane.** ℟. CONSECRATIO. Paon de face (n. 2). Bill. — 5 p.

370 - 530 **Gallien.** IMP C P LIC GALLIENVS AVG. Buste lauré et cuirasse. ℟. VICTORIA AVGG. Victoire à g. (n. 1142). Or, à fleur de coin. *Voir planche.*

7 - 531 ℞. Temple de Mars, trophée, louve, Pégase, Centaure, Diane chasseresse, etc. Bill. — **Salonine.** ℞. Junon reine. Bill. MB. et PB. — **Salonin.** ℞. Instruments de sacrifice, Jupiter enfant. — **Postume.** ℞. Hercule, la Monnaie, galère, etc. — **Victorin père.** ℞. Le Soleil. — **Marius.** ℞. Félicité du siècle. — **Tétricus père.** ℞. La Paix, etc. — En tout, 32 p.

9 - 532 **Tétricus fils.** Tête à g. ℞. L'Espérance (n. 90). PB. B et *rare.*

9 - 533 **Claude II.** ℞. Jupiter vainqueur, consécration, etc. — **Quintille.** ℞. Mars. — **Aurélien.** ℞. Concorde (n. 35). MB. — ℞. Jupiter conservateur, etc. PB. — **Sévérine.** ℞. Vénus felix. PB. — **Aurélien et Vabalathe.** Les deux bustes (n. 1). — En tout, 17 p.

7 - 534 **Tacite.** ℞. Espérance, Allégresse, Félicité des temps. — **Florien.** ℞. Mars au trophée. — **Probus.** ℞. Clémence des temps, Victoire, quadrige du Soleil. — **Carus.** ℞. Mars debout. — **Numérien.** ℞. Prince de la Jeunesse, Piété. — **Carin.** ℞. Équité, etc. PB. — 20 p.

14 - 535 **Magnia Urbica.** ℞. Vénus génétrix (n. 11), Vénus victrix (n. 17). PB. B.

125 - 536 **Dioclétien.** DIOCLETIANVS AVGVSTVS. Tête laurée. ℞. IOVI VICTORI. Jupiter nicéphore debout à g. (n. 307). Or. TB. *Voir planche.*

6 - 537 ℞. PROVIDENTIA AVGG. Sacrifice devant un camp (n. 411). Æ. — ℞. Génie du Peuple romain, Jupiter assis, etc. MB. et PB. — 5 p.

20 - 538 **Maximien-Hercule.** ℞. VIRTVS MILITVM. Porte d'un camp. Æ. TB.

19 - 539 Variété de la même. Æ. TB.

4 - 540 ℞. Même légende. Sacrifice devant un camp. Æ. — ℞. Génie du Peuple, Jupiter conservateur. MB. et PB. — 3 p.

33 - 541 **Domitien tyran.** IMP C L DOMITIVS DOMITIANVS AVG.

Buste lauré et cuirassé. R̵. GENIO POPVLI ROMANI. Le Génie debout à g. avec un aigle à ses pieds. MB. B.

542 **Constance-Chlore.** CONSTANTIVS CAESAR. Tête laurée. R̵. XCVI AQ dans une couronne (n. 346). Æ. TB.

543 R̵. VICTORIA SARMAT. Sacrifice devant un camp (n. 288). Æ. TB. — R̵. Génie du Peuple romain. MB. — 2 p.

544 **Hélène.** R̵. La Sécurité debout (n. 12). — **Theodora.** R̵. La Piété (n. 3). Quinaire. — R̵. Victoire (n. 7). PB. — **Galère Maximien.** Buste voilé. R̵. La Fortune (n. 30), etc. MB. — **Maxence.** R̵. Temple. MB.

545 **Romulus.** R̵. Mausolée. MB. et PB. — **Licinius père.** R̵. Jupiter conservateur, Génie. MB. et PB. — **Licinius fils.** R̵. Jupiter conservateur, porte de camp, etc. PB. — En tout, 9 p.

546 **Constantin le Grand.** CONSTANTINVS PF AVG. Tête laurée. R̵. VICTORIA CONSTANTINI AVG. Victoire à dr. entre deux captifs (n. 609). Or. TB. *Voir planche.*

547 R̵. VIRTVS MILITVM. Porte de camp (n. 706). Æ., *à fleur de coin.*

548 R̵. La Sarmatie vaincue, buste du Soleil, quadrige du Soleil, etc. — **Constantinople, Rome, le Peuple romain.** PB. — **Fausta.** R̵. SPES REI PVBLICAE. Fausta debout (n. 15). PB. TB. — **Crispus.** R̵. Prince de la Jeunesse, autel, etc. PB. — **Constantin II.** R̵. Jupiter debout, porte de camp. PB. — En tout, 31 p. B.

549 **Constant Iᵉʳ.** FL IVL CONSTANS PERP AVG. Buste diadémé et cuirassé. R̵. VICTORIA AVGVSTORVM. Victoire assise tenant, à l'aide d'un petit Amour, un disque à la légende VOT V MVLT X (n. 140). Or. TB.

550 **Constance II.** Buste de face (étoiles sur le bouclier). R̵. Rome et Constantinople assises de face; sur le disque : VOT XXX MVLT XXXX. OR. TB.

551 Buste à dr. R̵. Les mêmes avec VOT XXX MVLT XXXX sur le disque. Or. B.

552 **Magnence.** IM CAE MAGNENTIVS AVG. Buste drapé. R⁄.
VICTORIA AVG.LIB.ROMANOR. Victoire et la Liberté
debout (n. 46). Or. B.

553 R⁄. VIRTVS EXERCITI. Mars debout (n. 82). Æ. TB.

554 **Julien II.** FL CL IVLIANVS PP AVG. Buste diadémé et cuirassé. R⁄. VIRTVS EXERCITVS ROMANORVM. L'empe-
reur traînant un captif par les cheveux (n. 78). Or. B. —
Le bœuf Apis. GB. — 2 p.

555 **Jovien.** R⁄. VOTIS V MVLTIS X dans une couronne (n. 40).
Æ. B.

556 **Valentinien Iᵉʳ.** R⁄. RESTITVTOR REIPVBLICAE. L'empereur debout tenant le labarum (n. 28). Or, *à fleur de
coin.*

557 **Valens.** R⁄. VOT X MVL XX dans une couronne. Æ. — R⁄.
Victoire à g. PB.

558 **Gratien.** R⁄. VICTORIA AVGG. Deux empereurs assis de
face (n. 38). Or. TB.

559 R⁄. VICTORIA AVGVSTORVM. Victoire assise (n. 48). Or.
TB.

560 **Valentinien II.** R⁄. VICTORIA AVGG. Deux empereurs assis
de face (n. 37). Or. TB.

561 Buste casqué. MB. B. — **Théodose Iᵉʳ.** R⁄. Rome assise
(n. 57). Æ. — R⁄. L'empereur sur un vaisseau. MB.

562 **Magnus Maxime.** R⁄. SPES ROMANORVM. Citadelle (n. 6,
cité d'après d'Ennery). PB., quinaire. TB.

563 **Victor.** R⁄. VIRTVS ROMANORVM. Rome assise de face
(n. 6). Æ. B. — R⁄. Citadelle. PB., quinaire.

564 **Eugène.** R⁄. VIRTVS ROMANORVM. Rome assise à g.
(n. 14). Æ. B.

565 **Constantin III.** DN CONSTANTINVS PF AVG. Buste diadémé et cuirassé. R⁄. VICTORIA AAVGGG. L'empereur
debout, tenant le labarum et posant le pied sur un captif
(n. 5). Or, *à fleur de coin.*

42 - 566 **Anthème**. Buste casqué de face. R⃝. SALVS REIPVBLICAE. Deux empereurs debout, soutenant le globe crucigère (n. 6). Or. TB.

24 - 567 **Jules Nepos**. DN IVL NEPOS PF AVG. Buste à dr. R⃝. Croix dans une couronne (n. 16). Or, triens. TB.

37 - 568 **Tessères**. Spintrienne. R⃝. XVI dans une couronne. PB. — Buste casqué de Mars. R⃝. S.C. Cuirasse. PB. TB.

3. Monnaies byzantines.

20 - 569 **Arcadius**. Buste casqué de face. R⃝. CONCORDIA AVGG. Constantinople assise à dr. (Sabatier, pl. 3, 11). Sou d'or.

19 - 570 **Théodose II**. Même buste. R⃝. SALVS REIPVBLICAE. L'empereur et Valentinien III assis de face (pl. 5, 3). Sou d'or.

30 - 571 **Eudocie**. R⃝. Croix dans une couronne (pl. 5, 25). Tiers de sou d'or.

20 - 572 **Marcien**. Buste casqué de face. R⃝. Victoire à g. tenant une croix (pl. 6, 6). Sou d'or. TB.

16 - 573 Buste à dr. R⃝. Victoire allant à dr., la tête tournée en arrière (pl. 6, 9). Tiers de sou d'or.

20 - 574 **Léon Ier**. Buste casqué de face. R⃝. Victoire à la croix (pl. 6, 22). Sou d'or.

16 - 575 **Zénon**. R⃝. Victoire assise (pl. 7, 19). Demi-sou d'or.

27 - 576 **Anastase**. Buste casqué de face. R⃝. Victoire à la croix (pl. 8, 25). Sou d'or. TB.

18 - 577 **Justinien**. Buste diadémé de face. R⃝. Victoire de face (pl. 12, 3). Sou d'or.

6 - 578 R⃝. Victoire de face (pl. 12, 5). Tiers de sou d'or.

31 - 579 **Héraclius et Héraclius-Constantin**. Deux bustes de face. R⃝. Croix sur quatre degrés (pl. 29, 18). Sou d'or. TB.

21 - 580 **Constant II**. Buste barbu, de face. R⃝. Croix (pl. 32, 5). Sou d'or. TB.

20 - 581 Variante de la même pièce. TB.

22 - 582 **Constant II et Pogonat.** Deux bustes de face. R⁄. Croix (pl. 34, 2). Sou d'or.

22 - 583 **Constantin-Pogonat, Héraclius et Tibère.** Buste casqué de face. R⁄. Deux princes debout, séparés par une croix (pl. 35, 14). Sou d'or.

13 - 584 **Constantin IV.** Buste barbu et drapé, à dr. R⁄. Croix sur le globe (pl. 36, 10). Demi-sou d'or.

25 - 585 **Filepicus.** Buste de face, le manteau quadrillé (pl. 38, 13). Sou d'or. B.

13 - 586 **Théophile.** Buste de face (pl. 43, 7). Demi-sou d'or.

20 - 587 **Constantin X et Romain II.** Bustes des deux empereurs tenant la croix patriarcale. R⁄. Buste du Christ (pl. 46, 18). Sou d'or.

16 - 588 **Constantin XI.** Buste de face, tenant le labarum. R⁄. Buste du Christ (pl. 48, 19). Sou d'or.

47 - 589 **Romain III.** L'empereur couronné par la Vierge. R⁄. Le Christ assis (pl. 49, 2). Sou d'or.

21 - 590 **Michel IV.** Sou d'or concave (pl. 49, 3).

———

26 - 591 **Henri VI d'Angleterre,** roi de France. Salut d'or, frappé à Rouen.

63
10 } - 592 Un lot de monnaies non cataloguées. — **Tibère** et **Vitellius,** 2 p. d'or fausses. — **Haliartus,** tétradrachme d'Æ, faux.

BIBLIOTHÈQUE

593 **Ambrosoli.** Monete greche. Milan, 1899. In-12 (fig.). Toile.

594 **Babelon.** Description historique et chronologique des monnaies de la République romaine. Paris, 1885-86. 2 vol. (fig.). Br.

595 — Les origines de la monnaie. Paris, 1897. Br.

596 **Bahrfeldt.** Nachträge und Berichtigungen zur Münzkunde der römischen Republik. Vienne, 1897. 8° (pl. et fig.). Br.

597 **Blanchet** (A.). Les monnaies grecques. Paris, 1894. — Les monnaies romaines. Paris, 1896. 2 vol. in-12 (fig.). Br.

597 *bis.* — Numismatique du Moyen âge. Paris, 1890. 2 vol. in-12 (fig.).

598 **Blanchet et de Villenoisy.** Guide pratique de l'antiquaire. Paris, 1899. In-12. Br.

599 **Bompois.** Les types monétaires de la guerre sociale. Paris, 1873. 4° (pl.). Br.

600 **Breton.** Pompéia décrite et dessinée. Paris, 1870. Grand 8°, (fig. et pl.). Br.

601 **Cagnat et Goyau.** Lexique des antiquités romaines. Paris, 1895. Grand 8°, fig. Br.

602 Catalogue d'une collection de médailles des rois et des villes de l'ancienne Grèce, avec les prix fixés à chaque numéro. Paris. (*Rollin et Feuardent*), 1862. In-12, br. *Très rare.*

3 _ 603 Congrès international de numismatique, réuni à Paris en 1900. Paris, 1900, 8° (pl. et fig.). Br.

8 - 604 **Daremberg et Saglio**. Dictionnaire des antiquités grecques et romaines. Paris, 1873-80. Fascicules 1-7 (A-CHO). 4°, fig. Br.

6 _ 605 **Duruy**. Histoire des Romains; édition illustrée. Paris, 1878-81. Tome I-III et quelques livraisons des volumes suivants. Grand 8° (pl. et fig.). En feuilles.

2 _ 606 **Gnecchi**. Monete romane. Milan, 1896. In-12 (pl. et fig.). Toile.

31 - 607 **Head** (Barclay). Historia numorum. Oxford, 1887. Grand 8°, fig. Toile.

3 | 608 **Marchant**. Notice sur Rome, les noms romains et les dignités mentionnées dans les légendes des monnaies impériales romaines. Paris, 1869. Demi-rel.

| 609 **Millingen**. Considérations sur la numismatique de l'ancienne Italie. Florence, 1841. Supplément, 1844. Cart.

3,50 _ 610 **Pinder**. Numismatique Beckerienne. Paris, 1853. Demi-rel.

3,50 _ 611 **Reinach** (Théod.). Les monnaies juives. Paris, 1888. In-12. (fig.). Br.

_ 612 Revue numismatique, dirigée par A. de Barthélemy, G. Schlumberger et E. Babelon. Paris, 1901-2. 2 vol. (pl. et fig.), en livraisons.

57 _ 613 **Sabatier**. Description générale des monnaies byzantines. Paris. 1862. 2 vol. (pl.). Br.

2,50 | 614 **Saulcy** (F. de). Système monétaire de la République à l'époque de **Jules César**. Paris, 1873. 4° (pl.). Br.

| 615 **Serrure** (R.). Bulletin de numismatique. Paris, 1891-1902. *L'année* 1902 *complète*, les autres dépareillées.

42 - 616 Catalogues de vente illustrés : *Ponton d'Amécourt*, Médailles grecques, 1886 (1 pl.). — *Billoin*, Médailles grecques, 1886 (4 pl.). — *Ponton d'Amécourt*, Monnaies d'or romaines, 1887

(37 pl. et liste de prix). — *Montagu*, Monnaies d'or romaines, 1896 (41 pl. et liste de prix). — Baron *Pichon*, Objets antiques, 1897 (16 pl.). — *Hoffmann*, Médailles, 1898 (12 pl.). — Comte *Tyszkiewicz*, Antiquités, 1898 (33 pl.). — *Hoffmann*. Antiquités, 1899 (44 pl.). — *Hartmann*, Antiquités, 1899 (5 pl.). — *C. de Montigny*, Médailles et antiquités, 1899 (12 pl.), etc.

617 Quelques brochures et ouvrages non catalogués ou dépareillés.

Planche - I

19. Suessa   88 †
31. Syracuse   130 †
36 Thurium   55 †
45. Brutium   82 †
46 . id   24 †
48. Caulonia   230 †
62. Leontini   140 .
67 Selinonte .   150
75. Hieron 11 (or) .   350 †
71. Syracuse .   380 †
90. Patraus. roi de Péonie .   82 †
96. Macedoine   195 †
106. Philippe . 2. de Macedoine (or)   220 †
108 Alexandre le Grand . – (or) .   160 †

19
31
36
45
46
62
48
36
45
46
62
67
71
75
96
90
100
90
108
MAKEΔONΩN

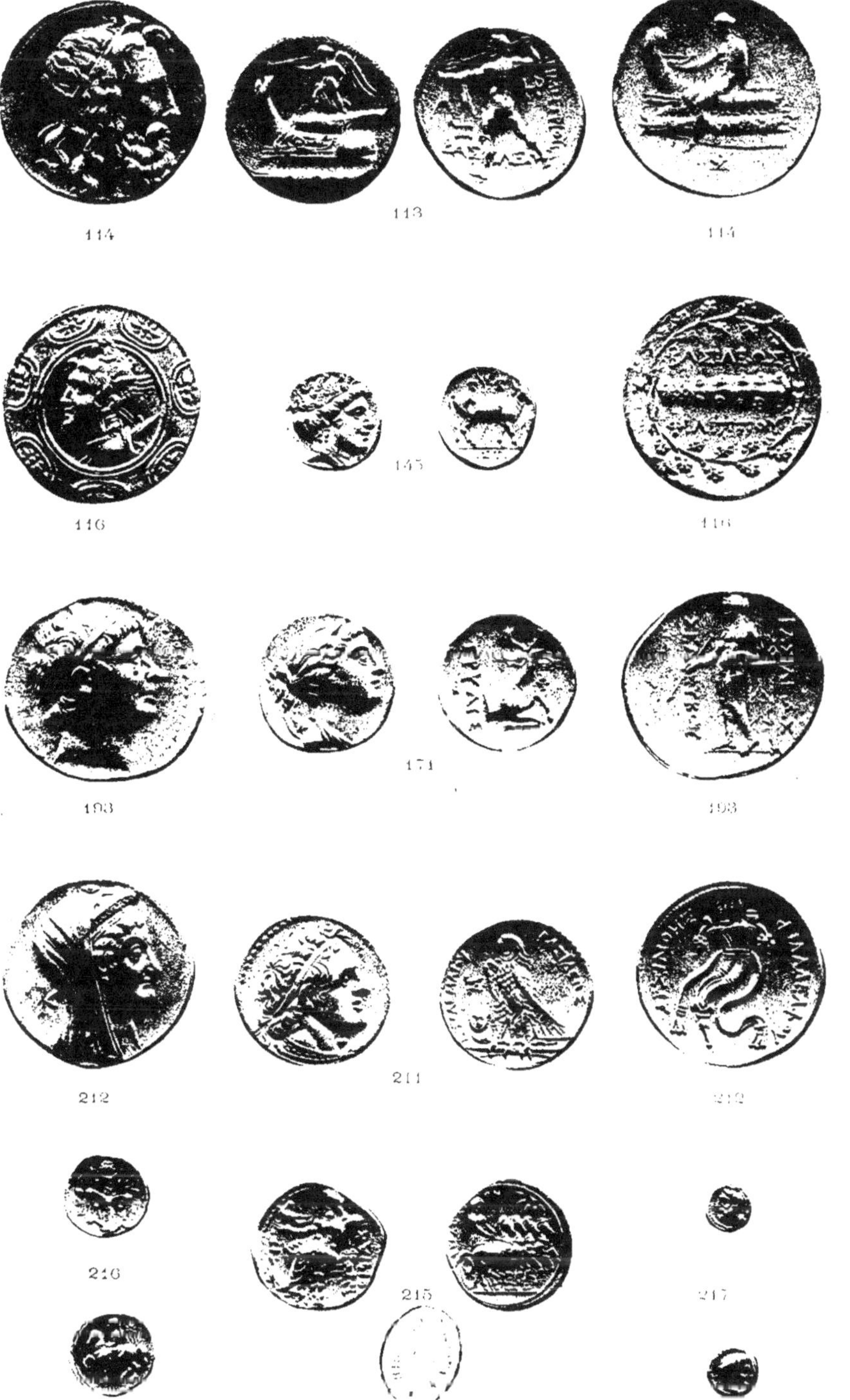

114

113

114

116

145

116

193

171

193

212

211

212

216

215

217

Planche III

399.	Auguste. (or)	200†
444.	Claude. (or)	185†
446.	Agrippine et Claude. (ar)	190†
461.	Titus. (or)	90†
468.	Trajan. (or)	75†
470.	Adrien. (or)	160†
475.	Aelius César. (or)	285
477.	Antonin. (or)	86
479.	Faustine (mère) (or)	1.020†
481.	Marc-Aurèle. (or)	125†
482.	id. (ar)	86.†
485.	Faustine jeune. (or)	360†
488.	Lucius Vérus. (or)	82†
491.	Lucille. (or)	108†
496.	Pertinax. (or)	370†
499.	Julia-Domna. (or)	265†
531.	Caracalla. (or)	195†
569.	Elagabale. (or)	285†
530.	Gallien (or)	370†
536.	Dioclétien. (or)	125†
546.	Constantin-Le-Grand. (or)	110†

399 411 446

461 468 470

475 477 479

481 482 485

488 491 496

499 501 508

530 536 546

9 782329 282053